BIBLIOTHÈQUE

d'Auguste Dubé

Baron de la Perrelle

Maréchal des Camps et Armées du Roi,
Chevalier de l'Ordre Royal et M.re de S.t Louis,
Command.r de la Légion d'Honneur, de plusieurs
Sociétés Littéraires, Ex Inspecteur G.al des Côtes,
Ex Command.t de la Garde du Directoire Exécutif,
Ex Chef d'État Major G.al de la Garde des Consuls,
Ex Tribun, Ex Préfet, Ex Inspect.r G.al des Haras,
Ex Historiographe au Dépôt G.al de la Guerre. &&&&.

JOURNAL

DE

CORRESPONDANCES

ET DE VOYAGES,

POUR LA PAIX DE L'ÉGLISE.

TOME TROISIEME,

CONTENANT

LE SECOND VOYAGE D'ITALIE,

EN 1770 ET 1771:

Par M. CLÉMENT, alors Trésorier de l'Église
d'Auxerre, et depuis Évêque de Versailles.

A PARIS,

Chez L. - F. LONGUET, Imprimeur, rue
des Fossés - Saint - Jacques, n°. 2,

An X. --- 1802.

PRÉFACE.

Clément XIII, parvenu aux derniers momens d'un pontificat, que l'intrigue du cardinal Torrégiani, son ministre, avoit rendu contre le caractère du pontife, continuellement orageux, se trouvoit péniblement engagé dans une vive division avec les principales cours catholiques. Clément XIII se résolut enfin de déterminer ces différends solemnellement au consistoire, à jour marqué, plutôt que de compromettre d'avantage sa personne et sa place, ainsi que les intérêts les plus chers des Romains, de se rendre aux vœux des princes, et de concerter leur réconciliation en un consistoire, qu'il annonça pour le lendemain de la Chandeleur, *au 3 février* 1769 ; mais il

parut qu'il fût la victime d'une si sage
résolution : le fil de ses jours fut coupé,
la veille même du jour qu'il avoit annoncé
pour terminer cette fâcheuse querelle.
Tant d'intérêts compromis furent confiés
après sa mort à la prudence de Ganganelli, qui fut élevé sur le saint-siége,
sous le nom *de Clément XIV*.

Tout demeurant alors dans les termes
d'une longue et secrète conciliation,
comme lors d'un calme absolu après une
vive tempête ; les mêmes matières qui,
aux premiers jours du gouvernement de
Clément XIII, avoient occupées le saint-
siége, redevinrent l'objet du zèle de toutes
les personnes instruites et accréditées.
L'impression commune et générale me
porta de nouveau moi-même aux points
de vues de la paix de l'église, à cette
partie de négociation que j'avois laissée,
parvenue à sa maturité lors de la mort du
cardinal Archinto.

Je fus bientôt engagé d'ailleurs par mes
amis à me rapprocher des lieux où je

pouvois de nouveau solliciter auprès du saint-siége l'intérêt de la doctrine et des mœurs, laissant aux hommes d'état la discussion de la cause des jésuites, et celle du droit public; je concertai avec eux la conduite de la partie qui m'occupoit, le plus solidement qu'il me fut possible.

J'en fis d'abord pressentir, vers le mois d'août de cette année, par un court *mémoire*, M. le président de Fleury, comme ami de confiance du cardinal de Bernis, ministre de France à Rome, qui n'y trouva rien que d'utile et de proposable.

Le vrai zèle, disois-je, m'a toujours paru devoir se « porter à la pacification de » l'église : or, je suis très-persuadé que » cette paix est très-possible, en ces cir- » constances sur-tout, et qu'elle ne de- » mande que d'obtenir du saint-siége une » exposition de doctrine si autorisée, » et d'une teneur si incontestable, qu'elle » fasse perdre de vue l'idée des décrets, » dont l'indétermination agite l'église » depuis plus d'un siècle. On peut dire

» que , depuis vingt ans , ce plan est le
» vœu de ce que l'Italie a de plus éclairé.
» Ce fut la solution que Benoît XIV fit
» inspirer, dès l'année 1747, par l'abbé
» Nicolini, sur les difficultés de Rome
» avec le clergé des Pays-Bas. Ce fut le
» plan de cette exposition , que M. de
» Fitz-James, évéque de Soissons , qui
» avoit fait le voyage de Rome avec fruit,
» proposoit avec confiance au même
» Benoît XIV, dans une lettre du premier
» mars 1755. Il regardoit cette solution
» comme la plus équitable en elle-même,
» et la plus convenable au saint – siége,
» pour terminer les troubles de France.
» C'étoit aussi ce que ce pape, si éclairé,
» eût desiré pouvoir donner pour réponse
» au clergé du même royaume, divisé en
» cette même année , au lieu de *l'ency-*
» *clique* obscure qu'il lui adressa en 1756.
» Enfin, le cardinal Archinto , ministre ,
» à la fin de son pontificat , et au com-
» mencement de celui de Clément XIII ,
» donna constamment à la France parole

» des mêmes dispositions du saint-siége
» en faveur de cette conciliation sur
» la doctrine et la paix de l'église. Ce
» seroit un bien, ajoutois-je, de retrouver
» à Rome des traces encore vivantes de
» ce plan ancien chez les prélats, qui le
» goûtèrent alors, et qui peuvent encore
» l'appuyer, sur-tout avant qu'on ait
» formé des systêmes différens et ha-
» sardés, que quelqu'intrigue secrète ne
» peuvent manquer de solliciter d'un
» nouveau pape. Ces vues précieuses,
» que M. de Bernis appuya, comme mi-
» nistre, en 1758, ne se trouveront jamais
» dans un moment plus favorable, que
» celui où elles peuvent être appuyées
» par lui-même. Le pape, en les suivant,
» ne feroit qu'adopter le résultat que
» Paul V laissa tout prêt à publier dans
» son tems, et Clément XIV ne feroit
» qu'employer ces excellentes *déclara-*
» *tions*, que *Clément VIII* donna, pour
» servir de pierre de touche de la doctrine
» de l'église sur la grâce, dans les célèbres

» congrégations *de auxiliis.* J'avoue ,
» disois-je enfin , que je verrois de près,
» avec beaucoup de plaisir , les lueurs
» d'espérance d'un évènement , si digne
» des desirs de tout ami des hommes ; et
» si , dans une chose aussi peu suspecte
» en elle - même , j'avois l'occasion d'y
» être plus que témoin , j'estimerois mon
» voyage fort heureux ».

Le 25 *août* 1769 j'eus , dans le même
dessein, une conférence à *Neuville ,* avec
celui des ministres (1) , *à qui le roi avoit
donné sa confiance en cette matière* , au point
de lui promettre d'y contribuer , par telle
dépense qu'exigeroit une négociation de
ce genre, en voyages et en sollicitations.
Ce ministre estima, (comme je l'avois
toujours éprouvé de sa part), que le seul
moyen de calmer les esprits , divisés depuis
si longtems en France , étoit d'établir sur
les matières qui faisoient l'objet de la di-

---

(1) M. de l'Averdy , ancien conseiller au parlement.

vision , une paix générale dans toute
l'église. M. l'archevêque de Lyon lui
avoit déjà communiqué sur ce point le
projet de bulle , que M. *Boursier* avoit
dressé en 1725 , pour être présenté à Benoît XIII. M. de l'Averdy estimoit , qu'il
étoit d'une nécessité pressante de la proposer et de l'appuyer auprès de ce nouveau pape.

Tout le plan en étoit détaillé dans son
esprit. Les circonstances lui paroissoient
demander que la proposition fût faite par
le roi d'Espagne , qui avoit le plus contribué à l'élection du pape , et qui , persuadé , comme il devoit l'être , du besoin
particulier de son royaume , devoit engager la sollicitation par ses évêques. Ce
prince , ajoutoit-il , l'ayant obtenue du
saint-siége , la communiquera à la cour
de Versailles avant de la publier , pour
donner ouverture à se la rendre commune. La cour la proposeroit à une assemblée d'évêques , disposés à la paix par
eux-mêmes , ou que la cour pourroit y

décider ; tels que MM. de Lyon, Montazet ; de Reims, la Roche - Aimont ; d'Arles, Jumillac ; de Nevers, Tinseau ; de Carcassone, de Bezons, etc., etc. Alors on présenteroit ce plan très-utilement à l'enregistrement du parlement, avec les lettres - patentes qui l'autoriseroient, et on l'enverroit à tous les évêques.

L'Espagne, opérant de même avec l'épiscopat de ce royaume, on atteindroit à un but solide. L'obstacle de quelques évêques, ennemis de la paix, paroîtroit alors de fort peu de poids, et incapable d'intercepter le succès. Il conviendroit, ajoutoit-il enfin, que tous les intéressés à la paix y fussent tellement compris, (même le clergé d'Hollande, divisé avec Rome), qu'on ne laissât, par l'exclusion de qui que ce soit, aucune ouverture à la renaissance des querelles.

Le 7 septembre suivant le ministre me confirma ces vues sur le besoin du voyage d'Italie. Le regardant utile au moins pour

préparation, soit que le pape pût déjà
s'en occuper, ou dût-on, selon les circonstances, passer l'hiver à Livourne,
Pise, Florence, Naples, ou ailleurs, pour
se rendre à Rome, dès qu'il pourroit y
être question de *l'exposition* qui devoit
tout terminer. Il offrit de son côté tout le
concert possible, et il me confia les *va-*
riantes de texte que proposoit politique-
ment *M. l'archevêque de Lyon, tant* sur le
dispositif de l'acte, *que* sur une plus
grande étendue à donner à quelques articles de doctrine.

Enfin, le 12 octobre, le ministre me dit,
dans une dernière entrevue, *qu'il* croyoit
que, dans cette *exposition,* on pourroit
renfermer la morale plus que les dogmes;
que, selon lui, le plus pressant seroit de
pourvoir, par les principes des mœurs,
aux relâchemens de *LA MORALE* dans
sa pratique ; ajoutant *que* cet état des
mœurs dépendoit beaucoup de l'enseignement de la morale, *et que* le bien de
l'état en dépendoit, comme celui de

l'église. Il espéroit d'ailleurs *que* l'enseignement positif, ramené à son exactitude en toutes choses, feroit oublier tous les décrets négatifs, si pleins d'incertitude, comme leur vaine discussion avoit été la source des maux. L'abandon de ces décrets lui paroissoit le besoin le plus pressant. Je lui fis remarquer cependant que les principes de la morale ne pouvoient s'établir solidement que sur les principes de dogme, qui y tiennent essentiellement, comme l'expérience le confirmoit. Il disoit sur ce point *que*, quant aux contestations sur les dogmes théologiques, on auroit pu se renfermer dans la publication du décret projetté de Paul V, ou autre postérieur et plus précis; mais, comme seconde opération, après avoir fixé la morale, laissant les matières ultérieures et de pure opinion libres à la discussion des écoles. Il n'irsistoit pas au reste sur les procédés quant aux *dogmes*, qu'il laissoit à concerter à Rome : il se flattoit que, dans tout ce plan, M. le duc de Choiseul, ministre, seconderoi.

seconderoit son zèle, disant que ce ministre ne portoit pas de lui-même les
choses jusqu'au solide ; mais qu'il étoit
capable d'appuyer une affaire utile et
bien entreprise : fondé sur ces préalables
de conseil et d'appui, je me pourvus des
permissions accoutumées et d'usage pour
le voyage de Rome, dans les bureaux de
M. le duc de Choiseul, et mon frère le
prévint expressément de ce départ pour
l'Italie. Je parti de Paris le 13 octobre.

Ce jour-là, et les deux suivans, j'eus
encore sur la route, au château de Fes-
sart, près Montargis, des entretiens utiles
sur mon objet avec deux magistrats (1),
les plus éclairés du conseil et du parlement. Très-touchés de l'état si tombé
de tout bien en France pour la religion et
les mœurs, ils ne voyoient nul moyen de

_____

(1) M. *Robert de Saint-Vincent*, conseiller de
grand'chambre, et M. *Lambert*, maître des re-
quêtes.

Tome III.   b

le relever , qui pût venir de ce royaume
même. Considérant ce qui se pouvoit du
côté de l'église , ils tenoient que le pape
actuel, (qui paroissoit avoir de grandes
vues , et qui s'attiroit déjà la confiance et
le nom d'*impénétrable*) , avoit bien des
facilités pour tout bien ; et que , de ses
grandes qualités et talens, on devroit bien
voir naître quelque ressource ; ils res-
sentoient à cet égard beaucoup d'espé-
pérance de son pontificat.

J'allai delà en droiture à *Marseille* : j'y
trouvai dans les lettres de Paris des avis ,
de l'attention que mon voyage , qui avoit
transpiré , attiroit déjà , de la part des
esprits inquiets. Je mandai de ce port,
le 28 *octobre*, *que* je concevois très - bien
ce que ce voyage pouvoit avoir de critique
à leurs yeux , ainsi qu'à ceux d'une cour
agitée et pleine de suspicion , dans mon
abordage à Rome. Je conseillai d'y opposer les lettres de MM. Molé et de Fleury
au cardinal de Bernis. L'agitation de la
mer ne me permit pas d'en risquer la

traverse directe : par la *Polacre*, que je
chargeai de mes effets, et me força d'aller
jusqu'à Antibes , pour côtoyer Génes et
Lérici , et delà arriver à Pise. J'écrivis de
cette ville en France *le 15 novembre* , que
c'est un travail , d'une difficulté qu'on
n'imagine pas , que la peine de rouler à
vents contraires dans une simple *felouque*,
sur une mer agitée, tout le long de la côte,
qu'on appelle des *rivières* de Génes , et
qu'on feroit plutôt un long voyage ailleurs : que l'on n'épuise les détails de ces
soixante-quatorze lieues de côtes, séparées
de la société du reste des hommes.

Quoique retardé , au – delà de mon attente, les letttes de Rome , que je trouvai
à Pise , m'assuroient de la chaleur des
bons offices que j'y trouverois ; et
j'éprouvai en effet , dès cette ville , sur
la recommandation du père général des
Augustins, tout l'accueil possible du prieur
de la maison de Pise. Je demandai delà en
France qu'on ne me laissât ignorer rien de
ce qui pourroit y rendre ma demeure sûre

pour moi, et intéressante aux autres. Je
remettois au terme à former les systémes
de *publicité*, d'occupation de *logement*, et
de *liaison* sur-tout que j'y prendrois,
selon l'exigence du lieu et du tems. Je ne
pouvois rien prévoir d'assuré sur ces détails : je le réservois à mes rapports suivans. Il en est résulté un séjour de *six mois*
à Rome, et *de huit mois à Naples*, dont le
rapport occupera le présent mémoire.

Fin de la Préface.

JOURNAL

HISTORIQUE

DU SECOND VOYAGE

D'ITALIE,

EN 1769 ET 1770.

Séjour de six mois à Rome.

LE 21 novembre, j'arrivai à Rome en bon état, et, dès le 23, la convenance nationale, et le desir des amis, me porta à *l'audience* de M. le *cardinal de Bernis*, ambassadeur et ministre de France. M. le cardinal Corsini l'avoit déjà prévenu de mon arrivée. Je l'abordai, sur le ton d'une juste confiance, comme en étant, et ma famille, déjà connu depuis dix ans, et comme ayant joui à Rome même de son appui dès 1758, lorsqu'il étoit ministre en France.

Après une réception fort honnête, il me demanda à part si je m'étois procuré des lettres de M. de Choiseul pour lui, n'en ayant point reçu directement sur mon voyage à Rome. Je répondis que, comme simple voyageur, je ne m'étois cru dans le cas que de prendre des lettres ordinaires de ses bureaux, et du reste je me fis fort de procurer facilement à l'éminence les lettres qu'elle desiroit. M. de Bernis m'observa alors la nécessité de beaucoup de réserve en cette ville, en m'ajoutant qu'il y avoit en ce moment beaucoup d'inquiétude dans les esprits, et trois partis principaux, en observation l'un de l'autre ; qu'il étoit mortifié de ce que, pour ces considérations, il ne pouvoit me recevoir qu'à son audience ; qu'autrement, il donneroit à soupçonner quelqu'ouverture de négociation personnelle que je viendrois former avec lui, et qui attireroit l'attention. Ce plan, au lieu de me nuire, me parut favoriser infiniment celui d'existence libre, que je me proposois, et j'en sentis tout l'avantage. J'écrivis seulement en France le besoin qui en résultoit, *que* M. de Choiseul voulût mander simplement, « qu'il avoit été informé de

» mon départ ; qu'il n'en avoit conçu nulle inquié-
» tude, et que personne ne seroit plus en état que
» M. le cardinal de juger des inconvéniens, s'il y en
» avoit ». Ces précautions me suffirent pour concerter avec mes amis un premier placement très-tran-
quille, jusqu'au retour des lettres de France.

Tout étoit à Rome, à mon arrivée, dans l'attente
des plus grands évènemens du nouveau pontificat.
On m'avoit annoncé, dès que je passai à Sienne,
la prochaine publication d'une bulle d'extinction des
jésuites ; mais on étoit encore bien éloigné de la
consommation de cette affaire. Il paroissoit plus
naturel de terminer d'abord les querelles politiques,
qui avoient enlevé au pape ses possessions d'*Avignon*
et de *Bénévent* ; querelles, dont le fondement principal étoient les décrets contre le duc de Parme,
dictés par les prétentions exorbitantes de la bulle
in cœna Domini.

Mais Ganganelli, capable de s'y régler lui-
même sur d'autres principes, n'espéroit du succès
sur ces intérêts politiques, qu'en traitant secrètement, de sa propre main, et directement, avec
les puissances souveraines. Il ne vouloit se laisser
entraîner que par l'entier concert des cours, quant
à l'extinction des jésuites, et par l'aveu général
d'une nécessité inévitable pour le saint - siége,

B 4

porté jusqu'à la conviction de cette société même.
Personne ainsi ne pouvoit atteindre la connoissance
de ce qui se passoit , que par le développement de
ces évènemens.

CHAPITRE PREMIER.

26 novembre.

Prise de possession de CLÉMENT *XIV*.

Jubilé général pour le Pontificat.

LE 26 *novembre* se fit la prise de possession du saint-siége par le pape, avec tout l'éclat ordinaire, à Saint-Jean-de-Latran : j'y vis un premier trait de l'esprit de conciliation qui régnoit entre les cours. L'usage étoit de dresser sur le passage du saint-père un arc de triomphe, entre l'arc de *Septime* et celui de *Tite*, *in campo vaccino*. C'étoit le prince de Parme et la cour de Naples qui en remplissoient d'ordinaire les inscriptions en leurs noms, comme étant anciennement fiefs du saint-siége. Mais, pour cette fois, on étoit convenu d'orner seulement ce monument de fleurs-de-lys en divers endroits, sans aucune inscription qui annonçât la moindre idée de vassalité. La prétention des princes avoit été d'y prendre la qualité de seigneur, l'un de Parme, et l'autre de Bénévent, comme domaines indépendans ;

mais , pour ne laisser paroître dès-lors nulle indice
de brouillerie , la solution avoit été de n'inscrire sur
l'arc de triomphe nulle mention des princes qui
l'avoient dressé en cette circonstance.

Les cours d'Espagne et de Portugal étoient sans
nonces. Le pape venoit de nommer celui de Portugal :
M. Conti , prélat Napolitain , qui n'étoit encore que
simple clerc , et l'avoit choisi comme un sujet de
mérite ; caractère sage , et parfaitement disposé à la
conciliation des esprits. Pour l'Espagne , le pape
projettoit d'y donner pour nonce , au desir du roi ,
le neveu du cardinal Valenti , ci-devant secrétaire
d'état sous Benoît XIV , prélat Génois , porté par
M. Grimaldi , ministre d'Espagne , et par M. Pala-
vicini , secrétaire d'état actuel du pape. Le moindre
évènement de ce genre servoit d'augure au public ,
sur le concert et l'esprit de conciliation que l'on attendoit dn pape.

Dans ces circonstances , je ne présentois que l'état
de quelqu'un , occupé de sa santé , et d'un repos par-
tagé entre la vie , de lecture , et celle de curiosité.
Me montrant le plus rarement que je pouvois , je
vivois dans le plus grand calme , avec un petit
nombre d'amis du palais de Corsini , de l'Oratoire
de l'église neuve des Augustins et des Dominicains.
Je demandai cependant au chapitre d'Auxerre des
lettres *testimoniales*, qu'il m'envoya, très-obligeantes,

quoique je jouisse déjà à Rome de toute liberté pour dire la messe aux religieuses de *Regina Cœli*, et ailleurs (1).

Occupé sérieusement dans la retraite de tout ce qui pouvoit de ma part servir à préparer les dispositions favorables du pape, et ce qu'on desiroit de lui sur la doctrine, je dressai d'abord le projet de ces vues dans un court *mémoire*, sur lequel je consultai, dès le 13 décembre, le père Georgi, procureur - général des Augustins, ami particulier du pape. Ce père goûta ce mémoire, et il m'exhorta beaucoup de donner à son projet toute l'étendue dont il étoit susceptible ; d'y développer, sur les vues que je proposois, quelle étoit la pratique de la tradition, et d'en *concerter*, dans *le plus grand détail*, avec les théologiens Italiens et avec ceux de France, en recueillant *les textes d'une bonne exposition* de la foi. Voici la note que je lui en communiquai.

---

(1) *Illustrissimis reverendissimis ecclesiæ catholicæ episcopis , reverentiam et salutem. Nos infra scripti ; sanctæ ecclesiæ antissio dorensis capituli nomine , jurisdictionem in suos exercentes , in virtute ante actæ conclusionis ;* NOTUM FACIMUS *vobis , Patres reverendissimi , quòd carissimus nobis confrater noster.* N. *iter agens ad exteros , reparandæ salatis causá ; sanctissimo*

*Exposé des vues importantes que l'on voudroit
soumettre plus amplement dans un mémoire détaillé, aux lumières du saint-père; en observant
l'importance d'un pontificat nouveau, si éclairé,
et si disposé à relever tout bien dans l'église.*

« Il est notoire que la multitude des affaires po-
» litiques, que le saint-père trouve engagées avec
» les cours, ne lui permet pas de s'occuper d'abord
» d'autres besoins, même très-pressans pour la re-
» ligion. Il faut avant tout sortir des contestations
» qui ont aliéné l'esprit des princes; sans quoi il est
» comme impossible de s'occuper de leurs églises ».
» Mais il est bien à désirer que ces préalables
» n'énervent pas et ne réfroidissent pas la première
» ferveur du souverain pontife en la partie morale,

---

*sacerdotii caractere gaudeat, bonis que vitâ, doctrinâ et
moribus sit acceptissimus; testamur que, ideo apprimè
dignum esse qui omni favore vestro omni que Benevolentiâ
fruatur. Quæ propter illum, R. R. patres, caritati vestra
commendantes, nos met ipsos vestris. S. S. sacrificiis com-
mendamus, vestram que benedictionem enixè postulamus.*

HUET, *præses.* BOSC, *secretarius.*

» qui appartient à sa principale qualité de père com-
» mun et de sel de la terre ; sans quoi il se trouvera
» manquer, comme tant d'autres pontifes avant lui, le
» vrai but de son importante vocation.

« L'exemple des bons pontificats passés sera sûre-
» ment son modèle ; mais les tems passés de l'église,
» les plus fâcheux même, comparés à ceux-ci, n'ont
» pas été peut-être un même excès de danger. Voilà
» ce qu'il importeroit de rendre sensible : le mal est
» fait, et plus grand encore pour le dogme et la
» pratique de la morale. Il faut donc y opposer les
» mêmes remèdes que l'antiquité, et avec plus de
» ferveur, s'il est possible.

» L'altération que l'église souffre dans sa doc-
« trine, est le principe de la décadence de sa morale ;
» delà suivent les ravages de la religion naturelle,
» que l'on veut introduire en son sein ; c'est ce qu'il
» importe le plus de rendre sensible au souverain
« pontife. Il faut rappeller sur ce point ce que l'église
» a opposé à la religion naturelle contre les philoso-
» phes payens, dans les premiers siècles, et le vœu
» qu'elle exprime depuis deux cents ans, de re-
» pousser les efforts du corps nouveau de religion,
» qu'on lui oppose.

» Les remèdes locaux, employés si longtems, ne
» peuvent arrêter le cours de ces maux ; il faut y

» opposer des moyens plus étendus. Le moyen le
» plus essentiel de tous, est d'instruire, avec toute
» l'autorité du saint-siége, en sa manière ancienne,
» par une claire exposition de la foi, tous les points
» qui en ont besoin.

» Le danger pour la religion est immense, si
» ce pontificat se passe sans en arrêter le cours sur
» ces deux points imminens ; 1°. de repousser les
» efforts du philosophisme ; 2°. de relever le corps
» entier de la religion révélée ».

La disposition du domicile que je me procurai à
Rome, fut parfaitement proportionnée au plan du
travail que je me proposois en ce genre ; calme,
libre et commode.

Là, je parcourois en paix tout l'ensemble de l'histoire ecclésiastique, pour m'arrêter aux traits du jour,
qui pouvoit porter la lumière sur les procédés à tenir
dans l'état actuel de l'église seulement.

Le 13 décembre, demeurant toujours en rapport
avec M. le cardinal de Bernis, je fus appelé avec les
autres français, (MM. de Flumarens, etc.) à la
solemnité de la fête *de sainte-Luce*, en l'église
de saint-Louis des Français ; mais cette publicité me paroissant peu conforme à mon plan,
je m'en excusai, sur des prétextes honnêtes.

J'allai seulement de tems en tems à ses audiences.

On assuroit à Rome, *le 20 décembre*, que la cour du pape, malgré le secret de ses procédés, laissoit transpirer *que* le concert mutuel étoit entièrement rétabli entre lui et celle de Lisbonne : le nonce étoit chargé à son départ des actes et brefs à cet effet. Comme on n'étoit pas aussi avancé avec la maison de Bourbon, on supposoit que c'étoit déjà une grande politique que d'avoir détaché le Portugal des intérêts de cette maison.

A l'approche de la nouvelle année, le pape commença la publication par la bulle d'extension *d'un jubilé* à tous les royaumes catholiques.

J'envoyai en France, *le 3 janvier 1770*, leur bulle de jubilé, et la lettre circulaire, qui s'adressoit à tous les évêques de l'église : on ne pouvoit qu'applaudir à cette lettre, remplie de principes les plus exacts. Le pape, sans rien laisser échapper qui pût compromettre les préjugés des Romains, témoigna un zèle particulier pour la soumission due aux princes, et le devoir des évêques d'y insister auprès des peuples.

On disoit alors que le pape offroit provisoirement aux princes un bref de confirmation, *proprià motu*, de ce qui s'étoit fait dans les cours, qui avoient expulsé les jésuites ; mais que les cours principales refusoient un bref de ce genre. On attribuoit la foiblesses de cette offre dans les cours de France et d'Espagne, au personnage politique que faisoit alors le cardinal de Bernis. Le roi d'Espagne en avoit fait l'objet de ses plaintes expresses, et par écrit. On le croyoit même sur le point d'être rappelé en France; mais on se tenoit alors assuré du retour d'Avignon et de Bénévent au domaine du saint-père. Pour l'extinction des jésuites, le saint-père y est très-déterminé, disoit-on; mais il ne veut point, en le faisant, avoir à en craindre de mortification de la cour de Vienne: jusqu'ici elle ne veut ni accéder ni refuser. La France s'étoit en conséquence chargée d'obtenir cette assurance de la part de la cour de Vienne, fût-ce par une simple lettre ou autrement, pourvu que ce soit une voie sûre; mais il y a à vaincre là, disoit-on, des ames vénales, et il n'y avoit de succès à attendre que des circonstances du prochain mariage de l'Infante d'Autriche avec le dauphin de France: l'empereur étoit enfin décidé avec la princesse sa mère, et sans répugnance personnelle, à cette extinction. La cour de Turin ne vouloit que suivre celle de Vienne à cet égard.

CHAPITRE II.

CHAPITRE II.

Audience du cardinal de Bernis. État de correspondance du Pape avec les cours.

ENFIN, *le 14 janvier,* arriva à Rome la lettre que j'attendois de M. le duc de Choiseul. Ce ministre renvoya ma lettre même à M. le cardinal de Bernis, attestant à l'éminence qu'il avoit eu connoissance de mon voyage en Italie. Le secrétaire d'ambassade, en me faisant part de cette lettre, ajoutoit : « La cir-
» conspection dont use M l'abbé Clément, depuis
» qu'il est de retour à Rome, paroît être un parti,
» toujours bon à suivre dans ce pays-ci ». Le ven-
dredi, 19, je me rendis à *l'audience* de l'éminence, qui fut seul à seul. Le cardinal commença par dire que, « y ayant actuellement tant d'agitation dans
» les esprits, il ne pouvoit arriver que le but de mon
» voyage ne fût interprêté fort différemment par les
» uns et par les autres. Je répondis que je m'étois
» rassuré à cet égard par la droiture de mes inten-
» tions, et sur le peu d'apparence qu'il y avoit que
» les particuliers pussent alors s'occuper de traiter de

Tome III.   C

» rien dans cette cour, où le pape réservoit tout à
» lui seul. Le cardinal insista à me dire, *que* les
» gens qui interprêtent mal, ne se renferment pas
» dans ces considérations ; que l'esprit de jalousie
» les attache à quelqu'un par la connoissance de ses
» sentimens, quand il existe différens partis, vu que
» les hommes changent bien d'affection, mais non
» d'opinion ; que de plus ce n'étoit pas leurs mou-
» vemens à Rome qui me pouvoient nuire, mais ce
» qu'ils m'écrivoient en France ; *que* c'est delà, et
» non de Rome, que peuvent venir les difficultés ;
» *que* je faisois donc bien de m'observer, en ne
» voyant personne en place avec qui je fus censé
« faire des affaires ; *qu'il* ne pouvoit cependant ré-
» pondre qu'il ne vînt, avec le tems, des observa-
» tions de la cour sur un trop long séjour de ma
» part ; *que* M. de Choiseul pourroit sur cela rejetter
» les premiers discours ; *qu'il* se trouveroit impor-
» tuné des suivans ; et *qu'enfin*, il chercheroit à se
» retirer d'importunité ; *que* confidemment il m'a-
» vouoit que cela pourroit arriver, s'il ne paroissoit
» pas que ce séjour eût des bornes fixées, et propres
» à tranquilliser ». Je répondis à l'éminence, en le
remerciant de l'ouverture de ses bons offices, « *que*
» cet article de mon séjour ne pourroit faire de dif-
» ficulté : *qu'il* étoit facile de justifier la simplicité
» de ses vues, en se proposant, comme je le faisois,

» de me mettre en route pour Naples, aussi-tôt que
» la saison du printems permettroit de le faire. Le
» cardinal répliqua, avec satisfaction *que*, pourvu
» *que* le séjour ne fut point à Rome, il pouvoit être
» par-tout ailleurs en Italie ; *que* le mois de mars
» étoit un bon terme, capable de rassurer ; *qu'il*
« avoit toujours saisi, et saisiroit toujours, les
» occasions de m'obliger ; mais *que*, dans sa place,
» il n'étoit pas le maître de faire ce qu'il vouloit ».

Le 20 janvier, je concertai en France les suites de
ce parti, et les avantages ou les inconvéniens d'être à
Naples ou à Rome. Je voyois en cette première ville
une utilité réelle à pouvoir projetter, dans une tranquillité parfaite, avec M. l'abbé Simioli, (le meilleur
théologien de l'Italie, dont j'ai toute l'amitié, et qui
est dans l'intimité du ministre d'Espagne), le développement du dernier plan conçu à Neuville, et
des mémoires que j'avois laissé à Madrid. D'autre
part, j'étois moins à portée à Naples de mander à
propos en France les choses utiles à savoir de Rome ;
de communiquer à cette cour l'état qui pouvoit être
critique en cette année pour les affaires ecclésiastiques ; qu'enfin l'affaire de Hollande, très-mûrie,
et bien préparée, pouvoit demander la présence de
quelqu'un pour sa consommation, que l'on faisoit
espérer vers la fin de mai. (On me manda de France
à cet égard *que* deux mois de tems pourroient faire

C 2

une révolution, si le cardinal, qui accueilloit ces inquiétudes, venoit à quitter Rome, les mécontent-
temens pris à son sujet n'étant pas sans quelque fondement; *que* dn re stel esdispositions du ministre me
demeuroient toujours les plus favorables.

Vers le 24 janvier, M. d'Aspuru, ministre d'Espagne à Rome, où il avoit été estimé, comme parfaitement disposé pour son zèle et pour sa prudence,
fut frappé d'un coup d'appoplexie, et comme sans
espérance; ce qui pouvoit faire changer la face de
toutes les affaires. Le père Rezzonico, jésuite, qui
avoit prêché l'Avent à Vienne, venoit de mander à
Rome, qu'en prenant congé de l'impératrice-reine,
la princesse lui demandant l'état des affaires de sa
congrégation, il lui avoit dit: que sa majesté ne
pouvoit ignorer qu'on parloit de son extinction. A
quoi l'impératrice-reine a, dit-il, répondu, que ce
projet n'étoit point parvenu jusqu'à elle; qu'ainsi il
pouvoit penser que, jusques-là, il n'avoit point de
fondement, et le mander ainsi à ses confrères.

Le roi d'Espagne tenoit beaucoup à leur
simple *secularisation*, depuis que sa confiance étoit
passée de MM. les comtes d'Aranda et de Roda, au
père d'Osma, confesseur du roi, et à M. de Grimaldi, son premier ministre.

Le 19, les ministres de France et d'Espagne
avoient eu une longue audience du pape, et il pa-

roissoit beaucoup de mouvement au palais apostolique. On disoit que la solution des affaires ne tenoit
plus qu'à un tiers, qui étoit le consentement de la
cour de Vienne.

Le 7 mars , le cardinal de Bernis reçut son ar-
genterie de France : ce qui parut annoncer l'intention
décidée de son séjour à Rome. On annonçoit de
France une dépêche de nouvelles charges contre la
société des jésuites. Il devoit y avoir le lundi , 12
mars , un *consistoire* , qu'on supposoit devoir être
très-important à cet égard. On observoit que le pape
venoit de déplacer un jésuite d'une station de carême,
et que le cardinal Jean-François Albani leur avoit
ôté celle d'une maison de *Sainte-Claire* , où ils avoient
toujours été très-pressans. Mais , le fameux père
Zaccaria remplissoit avec éclat la station de leur
maison du *Grand-Jésu.*

CHAPITRE III.

Tentative d'introduire la théologie de Tour-
nely dans les études de la propagande,
repoussée.

LE 23 *mars*, on annonça que le cardinal Castelli, préfet de la propagande, alloit donner aux
élèves de cette congrégation la *théologie de Tour-*
nely. On sait que cette théologie est d'autant plus
dangereuse, qu'elle couvre ses mauvais principes,
sous mille subtilités, avec un style brillant, quoiqu'elle ait d'ailleurs quelques bons traités. On observa
que c'étoit elle qui, depuis cinquante ans, perdoit
en France l'enseignement des dogmes et de la morale
dans une multitude d'institutions théologiques, qui
n'en étoient que l'analyse. Cette entreprise parut la
plus hardie que la société eût fait ; elle tendoit à introduire dans Rome son plus subtile poison, au moment de sa décadence, tandis qu'elle n'avoit pas osé
le tenter sous aucun des papes prédécesseurs.

On fit observer quelle triste idée pourroit donner
de ce pontificat le succès d'une telle entreprise, si

elle avoit lieu. C'eut été au saint-père qu'on l'eut imputée , parce qu'il dépendoit de lui d'y opposer l'autorité du perpétuel enseignement du saint-siége , et sa réputation en recevoit dans l'église une atteinte irréparable. J'exhortai mes amis à faire lire à ce sujet au cardinal Neri Corsini , lié avec le pape , l'excellent ouvrage fait contre cette théologie par *dom Mougenot* , bénédictin de Saint-Vannes , dont le premier volume étoit déjà publié , et les deux autres alloient paroître , lui recommandant d'épargner à ce pontificat une entreprise , capable de pervertir avec Rome les ministres ecclésiastique étrangers, qui sont la dernière ressource de l'église des Gentils.

CHAPITRE IV.

Disposition des Cours sur les Jésuites. Suppression de la publication de la Bulle in Cœnâ Domini.

Le 28 *mars* le roi d'Espagne venoit d'être ramené , par le crédit de la *chambre de Castille* , des préjugés de son confesseur, au plan de solliciter, non plus la sécularisation de la société des jésuites, mais son extinction absolue. Ce conseil donna avis au roi de ne rien terminer avec la cour de Rome, même sur la nonciature, qu'après avoir obtenu ce point essentiel.

Le 4 *avril*, j'appris qu'à l'appui de ce plan, les cours réunies venoient de donner ordre de ne plus rien traiter à Rome, qu'elles n'eussent obtenu l'extinction des jésuites, et que le saint-père venoit de faire relever dans les archives tous les faits qui avoient concerné la société, sous tous les pontificats passés où ils ont été le plus compromis.

Le bref venoit d'être expédié pour la nomination du roi de France aux évêchés de Corsé, sur le plan d'un concordat ; ce qui faisoit murmurer les Italiens. Les François, disent-ils, ouvrent toujours la voie de leurs priviléges, et d'autres y entrent après eux.

Je sus, dans ces circonstances, que les jésuites intriguoient contre moi à Rome, d'une part, et à l'archevêché de Paris, de l'aute ; mais j'y veillois, en continuant de me concerter avec le cardinal de Bernis, la suite de mon plan de voyage à Naples, après quelques momens de campagne près de Rome. On ignoroit encore dans la semaine sainte, quel seroit au vrai le résultat du caractère de ce pontificat, et quel étoit l'esprit d'une administration si profonde ; amour de la gloire, génie d'intrigue, ou prévention du bien de l'église et de la religion.

Le jeudi saint, 12 *avril,* le pape eut le courage de se développer, au moins en un point important. Je fus témoin, qu'au moment de l'absoute solemnelle, au balcon de Saint-Pierre du Vatican, il ne fut fait nulle mention de la bulle *in Cœnâ Domini.* La fermeté qu'il avoit fallu dans le pape contre les préjugés italiens, pour omettre ce jour-là, malgré l'usage de cinq siècles, les anathêmes terribles renfermés dans cette bulle contre les princes, rois et empereur qui envahissent les biens de l'église ; cette fermeté, dis-je, étoit un des premiers traits que l'on put dire développer un caractère dans le souverain pontife. Le pape avoit eu à essuyer les objections de beaucoup

de cardinaux échauffés qui lui en avoient fait leurs remontrances. Un entr'autres, faisant la veille même plus
d'instance que les autres, le pape lui dit: « Mais, M. le
» cardinal, avez-vous jamais vu ce que dit cette bulle;
» l'avez-vous jamais lu » ? Le cardinal, honteux d'a-
vouer que non, n'insista pas d'avantage. Il disoit à d'autres sur cette omission, « qu'il falloit avouer *qu'une*
» publication d'anathêmes ne va pas au moment
» d'une *absoute* générale et *d'indulgences* plénières ;
» *que ce* n'est que de quoi mettre à la torture ceux qui
» ont à conduire les fidèles ; *que* du reste chacun
» sait qu'une bulle n'est pas supprimée par la simple
» omission de sa publication, et *qu'il* en faut une
» révocation expresse ». On ne pouvoit douter aussi
que, telle qu'étoit cette bulle, le pape la jugeoit être
fort gratuitement odieuse dans les circonstances, aux
princes, rois et empereurs, etc., puisque spécialement l'emparement d'Avignon *et de* Bénévent par
la France et l'Espagne, entraînoit contre ces cours une
application naturelle des principes de cette bulle, et
cela au moment où il se flattoit de la disposition favorable des princes à la reddition de ces places, dès
qu'il auroit satisfait à la cause, qui en avoit entraîné
la saisie. L'éclat de la division, et le caractère qu'avoit
le pape, de vouloir plaire à tout le monde, entra
beaucoup dans sa résolution. On jugea du reste qu'il
n'y avoit nulle apparence que jamais pareille bulle

reparût dans le monde, au moins dans l'état où elle subsistoit depuis tant de siècles.

J'appris ce même jour, jeudi saint, qu'enfin la cour de France venoit de recevoir le consentement de l'impératrice-reine à l'extinction tant demandée, dont le pape faisoit la seule condition sur laquelle il pouvoit l'accorder. En effet, ceux mêmes qui avoient des rapports avec la société disoient dès-lors, *qu'enfin la troisième monition des princes étoit faite au pape ; que* désormais les jésuites étoient éteints ; *que* les cours le tiennent comme accordé, selon les paroles données ; *qu'il* ne s'agit que d'en publier la bulle, et *que* le pape s'y trouve subitement engagé, sans avoir rien pu obtenir lui-même, tandis qu'il auroit pu au moins en faire l'avantage de son siége. Le pape, dans cette circonstance, parut très-affecté, d'une humeur mécontente au dedans de son palais, et au dehors, toute contraire à son caractère, naturellement gai, soit qu'il se trouvât surpris dans la nécessité d'une extinction, qu'il avoit cherché jusques-là à reculer, et dont il craignoit les dangereux effets pour lui-même, soit qu'il eût déjà éprouvé quelqu'affligeante atteinte du poison, dont il fut la victime par la suite.

Je fus surpris de voir à quel point l'idée de la convenance d'un concile général se répandit à ce moment de toutes parts, comme desiré par les princes, pour remettre l'église dans son honneur et sa force. L'Al-

lemagne le desir pour rétablir la discipline ecclésiastique : l'Espagne et les amis les plus éclairés de l'Italie
le desireroient pour rétablir la pureté de la doctrine
et des principes des mœurs.

Le 15 avril, jour de Pâques, j'assistai aux solem-
nités des offices du pape, à Saint-Pierre du Vatican,
comme j'avois fait durant les autres jours saints à
ceux de sa chapelle du palais. Il m'étoit aisé de prévoir
quel seroit l'effet de cette publicité de ma part sur
les esprits inquiets et soupçonneux. Mais, quelque
dût être cet effet, je préférai de ne pas me priver à
cet égard d'un avantage pareil, qui se présentoit
peut-être pour la seule fois de ma vie, et qui ne
pouvoit nuire à rien d'essentiel. Je parai à ces suites
de pure intrigue, en passant quelques momens aux
campagnes près de Rome, jusqu'à la décision de
mon voyage de Naples, qui ne fut que vers la fin de
mai.

Je fus, dans cet intervalle, moins occupé du mémoire pour l'exposition de doctrine, que *de concerter
le plan de procéder* qui pourroit réunir ensuite le
pape et les cours dans l'emploi de cette exposition
pour consommer la paix de l'église. Ces deux mois
d'avril et de mai se passèrent dans la plus grande
agitation secrète entre les ministres des cours et la
société des jésuites.

On m'apprit, *le 18 avril*, quelques détails de plus

sur la suppression de la bulle *in Cenâ Domini*. Le
pape y avoit eu besoin de plus de force qu'on ne
pensoit. Le cardinal *Cavalchini* avoit été chargé, par
le collége même des cardinaux, comme doyen, d'en
faire au pape les représentations du corps. Le pape lui
dit qu'il avoit eu les raisons les plus péremptoires pour
cette suppression, et que, s'il lui vouloit promettre
le secret, il les lui diroit : ce qu'ayant fait, le car-
dinal-doyen dit au pape « qu'il avoit raison, et qu'il
» ne pouvoit faire autrement ». On sent bien qu'il ne
le pouvoit sans rompre toute conciliation avec les
cours. Quelques cardinaux, favorables aux jésuites,
et à une division qui les conservoit, insistèrent, no-
nobstant à la publication de cette bulle : ce furent les
cardinaux Castelli, Boschi et Buonaccorsi ; mais
inutilement.

CHAPITRE V.

Perpective du pontificat envoyee en France.

J'ENVOYAI ce jour-là, 18 *avril*, en France, le plan de *perpective* (que l'on y desiroit) de l'état des affaires, et tel que je l'obtins des personnes les plus instruites du fond des négociations SECRÈTES. Je le mets ici, parce qu'il fait caractère de tout ce qui se passoit alors de plus important. « Chacune des » cours qui traite avec celle-ci, a son ministre public » qui se porte aux audiences du pape, et son agent » de confiance, par qui on dirige plus précisément » les pas du ministre. Ces ministres sont M. de » Bernis pour la France, M. d'Aspuru pour l'Es- » pagne, M. le cardinal Orsini pour Naples, et M. » d'Almada pour le Portugal. Pour les agens M. de » Maréfoschi a traité de beaucoup de choses avec M. » de Bernis, comme s'il avoit le secret de France et » d'Espagne, L'Espagne s'est toujours conservée ici » un agent en titre, beaucoup plus ferme que M. » d'Aspuru : Naples a toujours employé M. de » Centomani, qui a seul sa confiance : le Portugal

» n'a pas cru avoir besoin d'autre que M. d'Al-
» mada.

» Le pape s'est d'abord débarrassé de la fermeté
» de celui-ci, en le comblant de démonstrations affec-
« tueuses, et en s'assurant à Lisbomne d'y traiter di-
» rectement par son nonce seul, (M. Conti, qu'il
» a nommé à cet effet dès le mois de décembre
» dernier. Cette cour a fait un article à part sur ce
» pied, depuis le chapeau donné à Mendoza, frère
» de M. Carvalho. On dit que, depuis la mort de ce
» cardinal, le chapeau réservé *in petto*, est pour son
» neveu, qui a quinze ans, ou pour l'archevêque
» d'Evora. Le pape n'a eu presque plus affaire qu'aux
» cours de France et d'Espagne, et principalement
» à celle-ci. Il a eu à cœur d'y rétablir la confiance
» réciproque sur l'extinction demandée ; il a été
» jusqu'à la promettre expressément s'il on étoit
» d'accord entre les têtes couronnées. Le ministère
» d'Espagne lui paroissant inquiet, il fit dire au
» roi, qu'il seroit très-affligé que sa majesté pût
» douter de sa sincérité ; qu'il pouvoit se fier à *Fra*
» *Francesco* ; qu'il iroit volontier à pied jusqu'à
» Madrid pour l'en assurer, s'il le pouvoit croire
» nécessaire. L'impératrice-reine n'étoit point fon-
» cièrement opposée à l'extinction ; on le sait par
» voie sûre ; mais on fomente chez elle la jalousie de ce
» qu'on demandoit sans elle une extinction, qui

» devoit opérer dans sec états des effets si étendus :
» c'est ce qui peut servir de fondement à ce qu'elle dit
» de provisoire au jésuite, prédicateur de l'avent,
» à la fin de sa station. Le pape, et tous ceux qui
» prennent intérêt aux jésuites, firent proposer alors
» par les ministres ces trois cours, une extinction de
» la société pour tous les pays seulement dont ils
» étoient expulsés: c'étoit par une attente provisoire de
» l'acquiescement des autres cours à l'extinction totale
» qu'on se proposoit d'éloigner le plus qu'il seroit
» possible. Les trois ministres en ce moment té-
» moignoient le plus parfait contentement du pape,
» autant établis en bonne intelligence entr'eux, que
» dans un rapport connu avec le général. La société
» se flattoit dans ce moment d'avoir assuré sa dé-
» livrance ; mais les agens secrets, plus remplis de
» la réelle intention de leur cour, informoient plus
» exactement les ministres d'un plan, qui alloit à
» faire échouer le vrai but de la négociation. Ses mi-
» nistres reçurent ensuite l'ordre de faire au pape des
» instances nouvelles, plus précises, pour l'extinction
» *pure et simple*. Le pape promit, en réponse à cette
» demande, une entière satisfaction, pourvu qu'on
» pût au moins l'assurer qu'il n'éprouveroit aucun
» déboire du côté de l'impératrice-reine ; sur quoi
» il ne demandoit ni acte ni demande expresse de
» cette princesse ; mais de connoître seulement son

intention,

» intention, par une voie qui lui fut suffisamment
» assurée. La France se chargea d'obtenir ce con-
» sentement ; mais ceux qui avoient obtenu ce plan
» triomphèrent, se tenant assurés des moyens d'en
» empêcher la condition : ils y travaillèrent ; 1°. par
» la voie, (à ce que l'on a assuré), de l'intérêt au-
» près des membres du conseil de Vienne , plus
» occupés d'entraîner ce conseil, que la princesse
» même ; ils mirent en effet des obstacles momen-
» tanés au consentement proposé ; 2°. instruits que
» le conseil qui prévaloit à Madrid , seroit disposé
» à s'unir efficacement aux instances de la France
» auprès de l'impératrice-reine ; ils eurent recours à
» la voie de division. On forma en effet un fort parti
» en Espagne contre l'extinction absolue, par le
» canal du père confesseur, qu'on fit archevêque *in*
» *partibus* ; de M. Grimaldi , et de tous les ter-
» ciaires, qui l'emportent sur le *conseil ordinaire*
» *de Castille*. M. d'Aspuru fut fait en même tems
» archevêque de Valence : on en fut d'autant moins
» surpris, qu'il a toujours eu la confiance intime du
» pape, dont il passe pour avoir décide l'élection
» auprès du roi d'Espagne. Il est d'éducation et de
» préjugé ancien attaché aux jésuites, comme l'avoit
» été d'abord M. de Roda , qui s'est tant éclairé
» depuis : M. d'Aspuru s'étoit ensuite fait estimer
» universellement à Rome , sous le pontificat, passé

» par la plus grande modération dans la sollicitation
» des commissions dont il étoit chargé, et en em-
» pêchant sa cour d'adopter la rupture que le Portugal
» fit avec celle-ci. On l'assure être toujours éloigné
» d'inclination personnelle contre l'extinction,
» quoi qu'on rendre d'ailleurs justice à ses grandes
» qualités, même ecclésiastiques. La division, qu'on
» avoit fomentée dans le conseil, ne fut pas de
» longue durée. Les souterrains, les faux-fuyans du
» père confesseur, furent découverts, et on ne le
» vit, comme dans les occasions passées, occupé
» que de rendre inutiles, par de moyens termes,
» toutes les droites intentions du roi. La chambre de
» Castille, conseil légal du royaume, représenta en
» ce moment, avec force au roi, l'importance de ne
» s'arrêter à rien de provisoire, et de n'accorder
» aucune demande qu'on n'eût obtenu l'exécution
» précise de l'extinction absolue, comme l'unique
» moyen de s'assurer d'un avenir tranquille. La né-
» gociation fut ainsi relevée dans son vrai état en
» Espagne, et on donne pour certain que le con-
» fesseur est remercié : enfin, quatrième état des
» choses ; l'impératrice-reine a accédé à la demande
» des cours pour l'extinction par le canal de la France.
» Il devient difficile d'échapper de nouveau à une
» telle circonstance : aussi parle-t-on plus sérieu-
» sement de cette extinction. Les personnes les plus

» liées avec les jésuites les disent perdus. On dit que
» M. de Bernis a reçu de nouveaux reproches de sa
» cour, et des ordres plus précis d'accélérer la con-
» clusion.

« En général il paroît beaucoup de mouvement
» parmi les ministres. M. d'Aspuru étoit sur le point
» de se rendre en Villegiature, et il y à surcis: l'agent
» d'Espagne, qui avoit été placé ici par M. de Roda,
» et qu'on avoit fait rappeller, a reçu un nouvel
» ordre d'y rester pour sa cour.

» Pour le pape, qu'en peut-on dire, avec sagesse
» et vérité, en telles circonstances? Où tend-il?
» Son extrême liaison avec M. d'Aspuru semble dire
» presque tout.

» (Le pape vouloit l'aller voir dans sa maladie ;
» il y envoyoit à tout heure son médecin, son
» camerier : c'est l'homme qui paroît avoir sa con-
» fiance la plus intime). Son intimité secrette avec
» le père Récolet, confesseur du roi d'Espagne, dit
» aussi beaucoup. (Il ne peut dissimuler sa sensibilité
» à la disgrace de ce religieux : on l'en dit malade. Ce
» qui touche au point délicat, qu'il a le plus à
» cœur, lui fait ainsi trop clairement échapper le
» secret des ressources qu'il chérit, et apparemment
» aussi son but personnel et sa vraie inclination).
» Est-on pourtant forcé d'y voir, avec ses ennemis,
» un caractère de mauvaise foi et d'infidélité dans ses

» promesses ? C'est un plan , qu'on ne pourroit
» adopter trop facilement ; sans se risquer de se
» tromper. Il est même plus vraisemblable que le
» pape, ennemi d'un côté des démarches violentes,
» et de l'autre résolu de procurer , durant son pon-
» tificat , la paix avec les cours, n'a promis que par
» nécessité l'extinction si demandée ; que cependant
» il n'a pas été sans espérance , en même tems que
» quelqu'évènement pourroit survenir et faire diver-
» sion ou modification à une demande à laquelle il
» ne se portoit pas de lui-même , s'il ne dépendoit
» que de lui : sa répugnance peut venir, ou de ce
» qu'il en craint les suites pour lui-même , ou de ce
» qu'il en craint les effets pour les autres ordres re-
» ligieux, auxquels il s'intéresse peut-être trop. Ce
» qu'il faudroit donc, ce semble en ce moment, ce
» seroit que le saint-père fut pressé sur le succès de
» cette négociation par un solliciteur plus puissant,
» et bien décidé , au nom de tous les princes , comme
» seroit, s'il est bien monté, M. le comte de Noailles,
» (plutôt même que le baron Vanswict, qui vient
» pour l'impératrice-reine , famille anti-jésuite ; mais
» de ces philosophes d'aujourd'hui, qui sont si sus-
» ceptibles de vues fausses). Un bon solliciteur ne
» quitteroit pas prise qu'il n'eut emporté la place ; si
» bien armé de l'autorité d'un bon plan, adopté et
» applaudi par le concert des princes , qu'il en ré-

» sultat une sorte de coaction décente et efficace
» auprès du pape ; soit que pareille coaction ne lui
» serve que de prétexte contre les objections, soit
» qu'elle soit nécessaire pour l'entraîner lui-même :
» seroit-ce trop faire pour une démarche si forte ,
» que de lui accorder , s'il y consentoit, l'approche
» de quelque régiment de Corse, (comme pour lui
» assurer Civitta-Vecchia , contre les inquiétudes que
» cause sur la mer le mouvement des Russes) ? Cette
» précaution seroit peut-être aussi nécessaire que
» suffisante pour conserver la tranquillité de cette
» ville; et ors des dispositions suivantes si étendues,
» qu'il conviendroit au pape d'y faire , soit pour tant
» d'établissemens différens qu'il faudroit remplacer ,
» soit pour l'expulsion même , si elle avoit lieu ,
» comme ce pourroit être le parti le plus sûr et le
» moins sujet à inconvénient. Il est au reste à sou-
» haiter que le ministre de France actuel soit aussi
» sincèrement rempli des vues des deux cours prin-
» cipales en cette affaires ; que les discours publics
» les plus répandus lui sont contraires. Qui peut en
» juger sans témérité , que les ministres mêmes , qui
» conduisent cette affaires ? C'est leur secret. Ce qui
» est de sûr , c'est que , si ce ministre veut franche-
» ment le succès de sa commission , personne n'est
» plus en état que lui de la faire réussir , par ses
» talens , par son expérience , et par la connoissance

» qu'il a actuellement acquise de ceux avec qui il a
» à traiter. Le pape peut l'avoir entraîné jusqu'ici, plus
» qu'il n'a entraîné le saint-père : il ne s'agit que de
» reprendre l'ascendant naturel ».

Cette *exposition générale* de la conduite des affaires
m'avoit été communiquée par les voies les plus sûres.
Tout y paaoissoit en effet faire corps, et être parfaitement suivi ; mais je n'en appris l'aveu et l'exactitude que par les lettres de France des 7 et 14 mai,
que je reçus à Naples le 9 juin. Dix jours après cette
perspective envoyée, j'y ajoutai, *le 18 avril*, quelques détails, qui en confitmèrent l'exactitude. Le
pape, naturellement porté par caractère et par systême
à faire tout le monde content, s'étoit d'abord flatté
d'éviter une extinction absolue, en acccordant promp-
tement une extinction partielle, et comme provisoire,
à l'Espagne et à la France, celles qui le demandoient
avec plus d'instances : la société des jésuites regardoit
ce plan comme une ressource pour elle. Le pape,
sensible, affectueux, plein de démonstrations de
dévouement, lorsqu'il desire obtenir quelque chose,
faisoit fond sur le succès de ce caractère, qu'il avoit
employé toute sa vie utilement à ses vues. Mais il
éprouvoit que, dans le rang des princes, on ne se
payoit pas de cette monnoie. Mis à découvert dans le
cours des jours saints, sur le but où il tendoit, par les
moyens de ce genre, il fut déconcerté, sensible, et

s'affecta, jusqu'à une inflammation vive en sa santé, lorsqu'il envoya un exprès important le jour du samedi saint au roi d'Espagne, pour en regagner la confiance. Les jésuites en ce moment, inquiets sur cette révolution, en témoignèrent par-tout leur humeur, *fanno il diabola*, me dit le cardinal de Bernis, en me conseillant de m'écarter de cet orage.

On assuroit alors que, dans le cours des évènemens passés, le pape avoit écrit au confesseur du roi d'Espagne, pour l'engager à procurer le plan de l'extinction partielle, devant se regarder comme étant du même ordre que lui, et se devant au secours de l'église. Le pathétique, la perspective d'un évêché, et peut-être un chapeau de cardinal, joint à ses propres motifs, avoient entraîné le confesseur à parler efficacement au roi. Le prince témoigna toute sa surprise de ce changement de plan, et le confesseur lui observa que ce n'étoit point lui qui changeoit ; mais les circonstances. Il s'étoit appuyé du ministre Grimaldi dans ce nouvel avis ; et enfin, il avoit ébranlé les résolutions du prince, lorsque le conseil de Castille, plus conséquent en ses délibérations, s'en apperçut, et releva le premier état des demandes par la force de ses raisons. Ce fut une affliction sensible pour le pape de se trouver découvert, marchant dans les souterrains, risquant de perdre la confiance d'un prince à qui il croyoit tout devoir, et de qui il at-

D 4

tendoit son principal appui dans tout le cours de son administration. Un des principaux appuis auxquels le pape eut recours pour rétablir cette confiance, ce fut dom Emmanuël de Roda, ministre, plein de droiture et de vertu, qu'il avoit eu pour ami à Rome, y étant auditeur de Rote, et qui avoit le plus contribué à son exhaltation sur le saint-siége. Ce ministre étoit incapable de concourir à une mauvaise politique contre les vues du prince, et n'avoit nullement influé dans les intrigues des autres ministres.

On répandit *le 25 avril que*, dans ces circonstances, le roi d'Espagne venoit d'envoyer de nouveau *quatorze chefs d'accusations*, pour décider le pape à accorder l'obtention de ses demandes. Dans ce cahos, des amis éclairés (1), et de sang-froid, me communiquer l'objet de leurs craintes, sans se livrer à l'imagination; ils me disoient *que*, s'agissant de l'extinction, il n'y a nulle violence que l'on n'ait à craindre à Rome, au dernier moment où l'on forcera enfin cette société : que ses partisans sont armés; qu'on fera l'impossible pour se défendre; et qu'enfin on s'ensevelira sous ses richesses, et le dépôt

_____

(1) Le père Theas, assistant du général des dominicains.

de ses secrets, plutôt que de se laisser surprendre ou expulser ; et qu'ainsi, un des plans du pape les plus sages, pourroit être de se laisser forcer, de concert à cet acte d'autorité , par l'approche de quelques troupes des cours au moment de sa décision, pourvu qu'il ne put en résulter aucune imputation ou inculpation de violence et de coaction contre le saint-siége.

Tout le mois de mai devoit laisser dans une vive attente du retour du courier du pape en Espagne. Il n'étoit plus question de tenir de consistoire , et un évêque nommé de Venise, étant arrivé en ce moment, pour en obtenir ses bulles , il échappa au pape de lui dire, qu'il auroit beaucoup à attendre, parce qu'il n'y auroit de consistoire qu'au retour du courier d'Espagne. M. d'Aspuru avoit ordonné, avant la révolution , de lui meubler une villégiature , près de la mer, pour s'y retirer , ajoutant l'ordre d'y préparer une chambre avec dais , et tapisserie de damas à franges d'or, comme devant y recevoir le pape ; mais tout ce plan demeuroit annéanti. Naples , dans ces circonstances , ordonna de surseoir à l'exécution des règles de chancellerie , et de suspendre l'usage des annates , si condamné autrefois par les conciles. Le roi de France nomma aussi aux évêchés de Corse des sujets de son choix , conformément à son nouveau concordat.

Occupé de mon côté de concerter avec le cardinal de Bernis ce qui concernoit le prudentiel de ma situation, il fut d'avis, qu'y ayant des g ns à qui mon séjour faisoit ombrage, il ne suffisoit pas encore, comme il l'avoit dit alors au général des Augustins, que je passasse aux campagnes près de Rome ; *que* cette position leur seroit aussi suspecte, et qu'il convenoit plutôt que je passasse jusqu'à Naples ; *que*, tant que l'affaire des jésuites ne seroit pas finie, ces ombrages subsisteroient ; *qu'au* moment où elle le seroit il n'y auroit plus de difficulté ; que mon retour en seroit une suite naturelle, ainsi que de reprendre et consommer avantageusement l'affaire de Hollande. J'adoptai bien volontiers le samedi de Pâques, 21 avril, ces observations, que le cardinal fit au père général des Augustins. J'y accédai, par une lettre du 24 avril, à l'éminence, pour lui demander son passe-port pour Naples : le cardinal me remit à l'audience du 6 mai pour me le déliver.

Le *premier mai* le pape continuoit encore d'être grièvement incommodé des suites de son inflammation passée : l'irritation d'une humeur dartreuse qu'il avoit toujours eu, et qui l'avoit quelquefois mis en danger, en paroissoit être la cause actuelle. Le pays, fort occupé de prédictions, et qui en a toujours de pour et de contre, en citoit alors de quelques pères Dominicains de Florence, de sainte mé-

moire, qui avoient annoncé « que ce pontificat ne
» finiroit rien dans les affaires, et ne dureroit pas ;
» mais que le suivant feroit beaucoup de choses et de
» grands biens dans l'église ». On peut l'entendre
comme on veut, disois-je à mes amis : je n'aime
point ces prédictions ; elles sont toutes semblables à
celle que le cardinal Bellarmin fit à Clément VIII,
lorsque ce pape vouloit prononcer son jugement doc-
trinal pour terminer les congrégations *de auxilliis*.
Velle-Scio, dit Bellarmin, *fateor posse, sed non
faciet, et si tentat exequi, priùs diem obibit ulti-
mum.*

    « Le père Cellot, jésuite, donna ce fait pour
» preuve du don de prophétie de Bellarmin, parce
» qu'au moment où Clément VIII avoit publié cette
» décision, il fut enlevé par une mort prématurée.
» Mais, de quelque genre que fut cette prédiction,
» elle paroît bien plutôt le fait de la résolution des
» méchans, que de leur prévision. Il est facile de
» prophétiser des choses que l'on compte faire soi-
» même » ?

On disoit alors à Rome, que la France, anti-
cipant sur la demande qui devoit lui être faite
d'Avignon, venoit de déclarer qu'elle en avoit besoin
pour former une des places d'armes du royaume, qui
pouvoit tenir cinquante mille hommes ; qu'on gardoit
la ville et la citadelle seulement, et que l'on rendroit

au pape tout le reste du comtat, avec compensa-
tion de la ville de Valence, et d'un terrein de
revenu, proportionné à celui d'Avignon. M. le
cardinal d'Yorck commença alors un acte de donation, qu'il fit de quatre vingt - mille écus romains à son séminaire et à ses écoles de Frescati,
qu'il avoit retiré aux jésuites. Il y mit la clause,
que les jésuites ne pourroient jamais rentrer à ce
séminaire, et qu'au cas où ses successeurs voudroient
les y rappeller, toute la donation seroit transportée
à tel collége de Rome, ou telle bonne œuvre qu'il
indiquoit.

Je marquois en France, ce même jour, premier
mai, *que* le cardinal de Bernis disoit, un des jours
précédens : « si ce mois-ci ne finit pas d'affaires, il
» faudra que je me retire ». Un billet de Naples,
de bon endroit, portoit aussi en deux mots : « brûlez
» ce billet après l'avoir lu, ou le mois de mai verra
» finir d'affaire, ou *gran guni à Rome* » !

L'alarme étoit vive dans le camp des jésuites.

CHAPITRE VI.

Réponses des jugemens du Ministère de France, sur la perspective envoyée de Rome. Dispositions des Cours.

JE reçus, le 8 mai, une lettre, datée du 16 avril, et confirmée le 23, qui servoit de *réponse* au projet que j'avois proposé le 21 du mois de mars, d'employer le crédit du chancellier, pour servir utilement à la négociation des affaires temporelles et spirituelles qui s'agitoient avec Rome. La *réponse* étoit, que la cour de France tenoit pour nécessaire l'extinction absolue et universelle, et *que* c'étoit se tromper que d'y admettre des mitigations : que Rome pouvoit faire quelque chose de moins, et qu'on la laisseroit faire ; mais qu'on ne pensoit pas que cela valût la peine d'être acheté, même au plus bas prix ; *que*, tout au plus, on pourroit admettre que la France rendit la principauté d'Avignon, en retenant le chef-lieu ; mais *que*, pour la dissolution de la société, elle devoit être portée au comble, et dissolution ignomineuse ; telle que celle dont on ne

revient jamais, ni en ce monde ni en l'autre. Du
reste, on estimoit le chancelier, personnage incapable de se livrer franchement au bien d'une grande
affaire. On ajoutoit le 23 avril, qu'ayant conféré de
nouveau avec le ministre, qui avoit inspiré les vues
de mon voyage, on l'avoit trouvé toujours rempli de
son même plan pour la paix de l'église ; qu'après le
cours des évènemens passés, depuis plus d'un siècle
et demi, il falloit nécessairement remettre toutes les
choses sur la docttine et les décrets, comme elles
étoient avant les troubles nés en 1605. A la fin des
congrégations *de auxiliis*, en avoir communication
pour la France par la cour d'Espagne, qui l'auroit
obtenue, et qu'il étoit plein d'espérance que cette voie
n'éprouveroit aucun obstacle. On ajoutoit qu'il falloit
aussi oublier toute idée de parvenir à la fin de ces
vues par une voie de coaction.

Le même jour 8 mai, je vins de *Rocca*, communiquer à Rome ces lettres à M. Fogginy. Ce prélat
accéda et applaudit au plan du ministre sur les affaires
de l'église, ajoutant *que*, « pour décider le roi
» d'Espagne à ce qu'il devoit demander au saint-
» siége, il falloit tout concerter avec les personnes
» de sa confiance, (le chanoine Simioli, estimé le
» théologien le plus estimé de l'Italie), et M. de
» Roda, ministre d'Espagne, dans la partie ecclé-
ᵊ siastique ; *que*, pour parvenir à cette discussion,

» il falloit d'abord la *copie imprimée de l'ancien projet*
» *d'exposition de doctrine ; qu'il* falloit pressentir
» sur les variantes de ce projet quelques évêques
» éclairés, comme ceux de Reggio, de Gallipoli,
» et autres ; ensuite procurer un bon mémoire des
» meilleurs évêques d'Espagne, tels que MM. de
» Barcelone, Sarragosse, Taraçon, etc., qui pré-
» sente le besoin personnel de ce royaume par une
» exposition de ce genre ; mémoire d'après lequel
» seroit consulté tout le clergé d'Espagne : *que* M.
» de Roda, averti alors de ce plan entier, destiné à
» avoir tout l'appui possible dans l'église, s'occu-
» peroit d'en donner la communication à la France,
» et conduiroit très-bien tout ce concert jusqu'à sa
» consommation. Cette route, disoit M. Foggini,
» est longue ; elle veut de la patience ; mais le fonds
» du succès, et son importance, en valent la peine».
Je fis observer en France la nécessité du secret de
cette attente, et l'utilité qu'il y avoit désormais à mon
voyage de Naples, et je donnai commission d'im-
primer en France le *projet* dont il s'agissoit, pour
me l'envoyer à Naples.

M. Foggini me répondit de même un court mémoire italien, sur la suppression des jésuites, dont
voici la traduction. « La suppression des jésuites,
» quoique requise par quatre grands princes sou-
» verains, mérite cependant d'être balancée du côté

» du pape , parce qu'il y a des jésuites établis en
» grand nombre, avec beaucoup de crédit, en d'autres
» domaines vastes et puissans , et qu'il paroît que les
» princes, qui ne demandent point la suppression,
» ont conçu de la jalousie sur cette suppression, qui
» tend à altérer l'économie de leurs états indépendans.
» Dans ces circonstances le pape se trouve entre deux
» feux, et il lui faut beaucoup de courage et de pru-
» dence pour en sortir heureusement.

　» Ce qui paroît de moins dangereux et moins
» sujet aux inconvéniens du côté des princes , qui
» ne sont pas contraires aux jésuites , c'est qu'en sup-
» primant le général, et tous les assistans , et se-
» crétaires, les procureurs et provinciaux , et an-
» nonçant les peines canoniques contre tous ceux de
» cet ordre qui s'introduiroient dans les états où ils
» ont été expulsés , on laissât cependant subsister leur
» maison dans les états qui les tolèrent , hors l'état
» ecclésiastique, à condition que chaque maison
» fasse communauté par elle-même , et qu'elle soit
» sujette aux ordinaires des lieux respectifs; que
» pour cela ces ordinaires en prissent possession , y
» établissant des supérieurs et des ministres de leur
» choix, et qu'ils y donnassent des réglemens adaptés
» au bien de chaque maison.

　» Enfin, que les jésuites restent avec leur habit ,
» dans leurs fonctions , dans les états où ils sont
　　　　　　　　　　　　　　　　　　　» tolérés ;

» tolérés ; mais comme seroient autant de maisons
» isolées de l'*Oratoire* de Saint-Philippe-de-Néri,
» et dont, venant à manquer, tantôt l'une, tantôt
» l'autre, faute de sujets, le patrimoine seroit
» divisé par chaque évêque respectif, *avec un député*
» *du souverain*, en trois parties. L'*une* seroit destinée
» pour fonder plus abondamment des paroisses ,
» l'*autre* partie seroit distribuée en aumônes, et la
» *troisième* seroit laissée à libre disposition des sou-
» verains respectifs, de la piété desquels on doit
» attendre qu'elle sera employée en usages pieux et
» de bien public ». Telles étoient les vues que M.
Foggini, instruit du secret apostolique , estimoit le
plus capables de servir au pape , de conciliation entre
les princes sur cet objet.

Enfin ce prélat, considérant quelles étoient dans
le détail les voies les plus propres à procurer à l'église
de France la paix solide qu'on y désiroit sur la bulle
et le formulaire , il n'hésitoit pas à croire que le pape
seroit très-disposé à accorder tout ce qui dépendroit
de lui à cet égard. « *Si* le roi agit de lui - même
» en cette affaire pour obtenir une exposition
» de doctrine, me dit - il , le roi sera avoué
» du pape à cet égard, comme il l'a été sous
» Benoît XIV , en ordonnant le silence sur
» la bulle *unigenitus*. Mais , qu'on ne compte au-
» cunement sur les longueurs et les difficultés d'un

Tome III.   E

» bref *de proprio motu* à cet effet. Le silence est
» déjà comme avoué par deux papes, qu'il est aisé
» de suivre : ce n'est ni reculer ni révoquer.

» L'affaire du formulaire est plus difficile : il est
» plus difficile d'ordonner la cessation d'une formule
» qui a été dressée pour être signée , comme l'a été
» jusqu'ici ; cependant, il est facile de parvenir à ce
» point même sur la demande des évêques pacifiques
» du royaume , qui sont déjà en mouvement ; que
» le roi mande au saint-père *que* les signatures de
» cette formule sont heureusement devenues au-
» jourd'hui inutiles dans son royaume ; *que* la sou-
» mission générale à la condamnation de l'erreur est
à devenue complette et évidente ; *que* dès-lors, loin
» d'y avoit de l'utilité, les signatures ne paroissent
» plus aujourd'hui que perpétuer le souvenir dan-
» gereux des disputes passées , les échauffer même,
» *et mantenere acceso il fuogo* ; *que* le besoin du
» royaume et de l'église exige donc désormais l'entière
» cessation des signatures du formulaire d'A-
» lexandre VII, et *qu'*ainsi, sa majesté attend et
« demande de la sagesse et de la charité du saint-
» père , d'appuyer le réglement qui ordonnera
» cette cessation , par un *bref* qui en approuve
» la disposition , promettant qu'en ce cas là le
» bref sera mentionné avec honneur dans la *décla-*
» *ration*, qui sera publiée pour dernier état, et

» enregistrée comme loi du royaume. Tel est le plan
» qu'on croît le meilleur, et la voie qu'on croît la
» plus efficace : on ne doute point que le pape actuel
» ne consente à un tel plan, comme Benoît XIV
» consentit la déclaration du silence. On le tient
» comme d'autant plus assuré, qu'il est conforme à
» son inclination personnelle ; *et que* où un pape
» en feroit difficulté, on lui feroit facilement en-
» tendre que, dans les circonstances susdites, le roi,
» qui a demandé le formulaire en son tems, peut
» bien aussi y mettre un terme, de l'avis si bien
» motivé de ses évêques, sans que le saint-siége
» puisse s'en offenser, ni prétendre mieux connoître
» l'état des églises, que les évêques même et les
» princes ».

C'étoit pour ces importans éclaircissemens que
j'étois revenu de la campagne, autant que pour l'audience de M. l'ambassadeur. J'étois venu le 8 mai :
je reçus le 10 les passeports pour Naples du cardinal
de Bernis, et du cardinal Orsini, ministre de cette
cour, et je retournai à Rocca le même jour, jusqu'au
19 suivant.

Mais je sus encore, avant mon départ, tout ce qui se
pouvoit savoir de plus récent sur l'état actuel de ces
négociations. Le retour du courier d'Espagne avoit
apporté, « que c'étoit la dernière demande que le roi
» faisoit de la suppression ; que les cours exigeoient

» qu'il ne restât pas un seul individu de cette per-
» nicieuse société dans Rome , et qu'elles offroient
» d'en retirer les membres, chacun dans sa nation ,
»' lorsqu'il n'y aura plus ni congrégation ni général ».
Le pape, qui depuis son exhaltation avoit fait tout ce
qui pouvoit, directement et indirectement, pour les
sauver de la demande des cours, se trouvoit réduit ,
de l'aveu même des jésuites , à l'impuissance de le
faire. Il protestoit donc qu'il y étoit disposé ; il observoit seulement que ce n'étoit qu'un article des
demandes, et qu'on savoit qu'il convenoit d'être aussi
d'accord sur beaucoup d'autres ; mais on ne vouloit
attendre à aucun que celui de l'extinction ne fût terminé. Le pape n'offroit encore qu'une extinction de
propre mouvement , *et pro causis à nobis cognitis.*
Le feu des choses paroissoit n'être que plus augmenté
en ce moment. M. d'Aspuru étoit revenu subitement
de *Palo* : les quatre ambassadeurs s'étoient assemblés,
et chargés tous des mêmes instances, ils prenoient en
conséquence leurs audiences successives du pape. Le
cardinal Orsini, pour la cour de Naples, l'avoit eue
très-longue le dimance 6 au soir ; M. le cardinal de
Bernis, le lundi 7 ; M. d'Aspuru, pour la cour d'Espagne ensuite ; et M. d'Almada, pour celle de
Portugal. M. de Bernis passoit alors pour faire la
plus forte sollicitation, exigeant avec tous l'extinction
ignominieuse ; et de plus , *que* le pape reconnut la

souveraineté de la cour de Parme , en révoquant le
décret de son prédécesseur qui la concernoit ; et qu'il
se contentât de la reddition du comtat , sans la ville
et la citadelle d'Avignon , dernier article auquel le
pape disoit ne pouvoir accéder. Pour les jésuites , les
choses étoient au point que , si le pape vouloit prendre
alors par scrutin l'avis du collège des cardinaux , il
n'en trouveroit peut être pas qui fût d'avis de se
refuser à l'extinction , au risque des troubles qui en
pourroient naître. On mandoit aussi d'Espagne que
le roi avoit consulté ses évêques , pour savoir s'il
leur paroissoit convenable qu'il insistât à ce sujet
auprès du saint-siége ; que , quoiqu'on estimât cette
démarche dangereuse , pour l'ancien attachement
que ces évêques avoient pour la société ; cependant
les deux tiers d'entre eux avoient répondu affirma-
tivement : l'autre tiers avoit déclaré n'être pas assez
informés des motifs du prince , et observé que sa
majesté avoit auprès d'elle assez de personnes instruites pour lui donner conseil sur ce point : pas un
n'avoit répondu négativement.

Enfin, avant de partir pour Naples, je mandai encore
en France *que* , quoi qu'il en fut de cette négociation , il ne paroissoit , le 21 mai , rien de public
dans les dispositions et l'état de cette société me-
nacée. « Elle subsiste , disois-je , avec son air de
» sécurité ordinaire dans toutes ses fonctions ; mais

E 3

» on rapporte chaque jour quelque nouvelle anec-
» dote qui approche l'évènement de sa destruction.
» Ces jours-ci le père général, (qui dit-on ne sort
» plus), disoit à une personne de considération :
» Pour cette fois la société est à son agonie ; mais
» elle dure trop longtems pour mon courage ; enfin ,
» la volonté de Dieu soit faite. On le rassuroit sur
» la disposition de la cour de Vienne : cette cour,
» dit-il , y a mis d'abord tous les obstacles qu'elle a
» pu ; mais il n'y en a eu aucune qui , avec le tems ,
» n'ait consenti , et ne se soit laissée vaincre par la
» persévérance des instances ».

J'ai vu une lettre de Turin , qui mande qu'en
cette cour , comme ailleurs , les ambassadeurs des
cours ont reçus avis des ambassadeurs de Rome ,
que l'extinction des jésuites étoit une chose accordée,
et dont on avoit l'engagement de la part du pape,
même par écrit , et *qu'elle* ne tarderoit plus de
s'exécuter. On dit que le bulliste est chargé du travail
de dresser cet acte ; qu'un autre ministre a ordre de
faire l'état de cette société ; *que* le délai en sera au
plus pour l'exécution en septembre ; que les Es-
pagnols achètent le grand *Jésu* pour leur *église* nationale ; que tel ou tel aura tel et tel collége , etc.
On attend sur-tout beaucoup de choses du consistoire
certain , du 28 de ce mois , pour le lundi prochain.

Je n'attendis point cette date : je ne pensois plus

qu'au départ pour Naples. J'écrivis seulement en ce moment quelques lettres utiles , et qui renferment quelques anecdoctes , tant à M. de Saint-Vincent, conseiller au parlement de Paris , qu'à M. Emmanuël de Roda , ministre d'Espagne , et dans Rome, au père général des Augustins ; au père Georgi , pro-cureur-général de cet ordre ; à M. Maréfoschi , et M. Caraffe de Colobrano , deux prélats les plus estimés , avec lesquels j'avois été en rapport. Ces lettres peuvent se conserver à la suite de ce mémoire. Je partis ainsi de Rome *le 22 mai :* je couchai à Terracine , et j'arivai à Naples le lendemain.

SEJOUR DE HUIT MOIS A NAPLES,

CHAPITRE PREMIER.

Notice du local et des personnes à pratiquer.

JE trouvai en cette ville de nouveaux amis solides dans M. l'abbé , comte *de Gross* , et M. l'abbé *Simioli* , le *premier* , homme de condition Piémontois , prêtre de beaucoup de mérite , vivant à Portici , près de Naples , dans une profonde retraite , au milieu de la cour , très-considéré pour la confiance dont on le savoit jouir du roi d'Espagne , et de M. de Roda , son ministre. Le *second*, M. Simioli, chanoine de la métropole , supérieur du séminaire , où il menoit la vie la plus active , grand - vicaire de confiance de son éminence le cardinal de Sersales , archevêque de Naples , et suffisant par ses lumières et ses talens aux travaux du plus grand détail. Il n'y eut point de bons offices et de correspondances que je ne trouvasse auprès de ces deux amis ; du réste , Naples m'étoit un monde nouveau. Autant de vie et de mouvement dans ce lieu, de naturel et de liberté d'esprit, de pureté et de douceur dans l'air, que d'inertie et d'indigence, de sombre et d'inquiette suspicion dans les caractères, de dur enfin et de malsain, dans le pays que je quittois. Je me procurai dans Naples une retraite très-agréable dans le monastère des chanoines réguliers du *Saint-Sauveur*, à Saint-Aniello. Réunissant dans cette maison tout ce que je pouvois desirer pout la commodité de la vie et la jouissance de la religion, je n'avois à y penser qu'au bon emploi du tems. Étant recommandé par M. Bottari à M. *Tanucci*, son ami, principal ministre de cette cour; bien avec le cardinal de Sersales, archevêque, et avec la maison de notre ambassadeur, M. de *Choiseul-Praslin*, et notre consul Astier: je ne faisois guères usage du reste, que de trois ou quatre amis bien choisis.

Le 16 juin, je reçus de France un excellent mémoire de M. Gourlin, que je lui avois demandé, sur la théologie de Tourneli, parfaitement dressé, pour informer la congrégation de la Propagande du danger qu'il y auroit de la laisser introduire dans son séminaire. Ce mémoire pasut aussi-tôt imprimé en Italien, sous le titre de *Lettera ad un Prelato*.

Le 25 juillet, je reçus des invitations très-pressantes de m'employer, (même par un retour à Rome, s'il étoit possible), à la conciliation des différends des évêques d'Hollande avec le saint-siége.

On supposoit que je pouvois y être utile, tant par les connoissances que j'avois en cette ville, que par ce que je savois de longue main de l'état de l'affaire, et des heureuses dispositions de ce clergé (1). On avoit à cœur d'y solliciter alors par l'impératrice - reine, par

_____

(I) J'avois en effet dès-lors quatre voyages en Hollande, auprès de M. l'archevêque d'Utreck. *Le premier* avec M. l'abbé Détémare, et par son conseil, *en 1752*, à titre d'étude, comme théologiques, pour voir par mes yeux l'état plein de confusion des églises séparées de la catholicité, et à quel point l'esprit de l'homme s'égare nécessairement en matière de culte religieux, quand il est privé du secours d'une *révélation divine*, et d'une autorité, telle que celle de l'église catholique. *Le deuxième voyage*, en 1762, eut pour motif l'invitation des principaux théologiens de Paris, occupés du succès d'une maison, formée de trente jeunes théologiens, à Rhinveik, près d'Utreck, sous la direction, et dans le plan de M. l'abbé Détémare. Ce plan a été imprimé depuis en italien à Venise, lorsque les succès de cette maison commençoient à intéresser l'attention publique. On y lisoit les textes de la tradition dans les ouvrages même des S. S. pères, latins et grecs, et conférences, comme si on y eût lu des ouvrages français. M. Gourlin, et ses amis, demandoient qu'on assurât de si grands succès naissans par l'étude d'une solide *scholastique*, dans saint Thomas. C'étoit l'objet de la sollicitation dont on me chargeoit, et cette intéressante maison ne négligea pas un avis si sage. Mes deux derniers voyages me reportèrent, et 1763 et 1766, à deux conciles, où j'assistai, au titre de théologien canoniste. Ils sont trop connus pour qu'il faille s'y arrêter ici avec quelque détail.

le ministère d'Espagne, ainsi que par plusieurs évêques de ce royaume , d'Allemagne et d'Italie le pape, quitémoignoit de plus y être porté par lui-même. On mettoit sa confiance pour le succès dans sa propre droiture , et dans l'équité des conditions auxquelles on paroissoit réduit. Il s'agissoit de rétablir parmi tous les catholiques d'Hollande l'union et le gouvernement épiscopal, en n'exigeant pour cet effet des évêques actuels que *la profession de foi , commune à tous les catoliques.*

Je consentis volontiers à y employer , avec prudence , tout ce que je pourrois de bons offices , ayant lieu d'en espérer le succès , pourvu que la conduite de cette affaire fut appuyée d'un secret , dont le saint-père fut le maître , me proposant de demander de mon côté que l'on y supprimât toute discussion inutile et dangereuse sur les faits passés ; *qu'on* terminât tout schisme et division , et qu'on n'exigeât des évêques d'Hollande que la profession de foi qu'ils offroient , commune à tous les catholiques , et du côté du pape, *qu'il* admit les évêques actuels en suppléant , en tant que de besoin , par la plénitude de sa puissance, aux défauts qu'il croyoit se trouver dans leur élection , d'autant qu'ils n'avoient cessé de la solliciter , avec les recours au saint-siége , et dans toutes les formes canoniques possibles. Je conclus par laisser aux amis de France le soin de solliciter le concours du ministère en cette affaire.

CHAPITRE II.

Envoi de France de l'exposition de doctrine de 1725, qui commence par ces mots : Aspicientes, etc.

LE *dernier août*, je reçus de France imprimée l'exposition de la doctrine du sain.-siége, projetté sous Benoît XIII, commençant par ces mots : *Aspicientes in autorem fidei*, etc. Il n'étoit imprimé à cinquante exemplaires, qu'à l'effet d'en discuter la teneur et le dernier état, entre les théologiens les plus capables d'Italie et de France.

Je priai M. Simioli de s'en occuper avec beaucoup de soin, pour en donner ses observations, lui offrant d'en communiquer et correspondre de même avec le théologien de France, connu pour le plus capable d'un tel travail, pour que l'état définitif en pût être présenté avec une entière confiance au jugement du saint-siége.

En effet, on concerta dès-lors de cette exposition par un rapport continuel entre ces deux théologiens, pour atteindre la plus mûre exactitude. IL EN RÉ-

SULTA que les vingt-un articles, projettés en 1725, furent portés en 1771 à 24 articles, pour pouvoir repousser plus sûrement les écarts de doctrine, que l'on n'avoit pas assez combattu alors, ou qui s'étoient répandus plus dangereusement depuis cette date. Le projet d'exposition de 1725 ne commençoit qu'au dogme de l'incarnation, quoi qu'en établissant la grâce propre de Jésus-Christ ; la différence des deux alliances, la liberté de la volonté sous l'opération de cette grâce pour la justification, qui conserve le mérite sous l'efficace la plus puissante; la possibilité des commandemens ; la mort de Jésus – Christ pour tous appliquée au petit nombre de son choix, et non par le prétendu droit des mérites humains, mais par l'effet de la prédestination gratuite ; la doctrine des justes temporels, et des bonnes œuvres préparatoires à la justification ; les vraies notions des vertus ; la foi, l'espérance et la charité, et la nécessité d'un commencement d'amour de Dieu par-dessus tout, pour toute vraie vertu ; la différence de la crainte filiale et de la crainte servile ; le précepte essentiel de l'amour de Dieu, et la doctrine des deux délectations ; la condamnation de l'erreur du péché philosophique, et des vaines excuses de l'ignorance et du droit naturel ; les deux principes des mœurs ; la loi et la conscience, et le devoir d'y préférer toujours le certain à l'incertain ; la grâce des

sacremens , et leurs dispositions , selon la doctrine
du concile de Trente ; les règles de la pénitence et
du délai de l'absolution. Enfin les principes exacts sur
les canons ecslésiastiques ; l'excommunication ; la
lecture de l'Écriture-Sainte , et les liens de l'unité de
l'église.

ON AJOUTOIT 1771 à la tête de cette exposition
ancienne *trois premiers articles* , pour proscrire le
pernicieux système de l'état de pure nature, pour
bien développer les effets du péché originel , principe
des vices de la nature tombée , et pour relever la
gratuité et le profond mystère de la redemption des
hommes.

ON INSISTA en *l'article V* sur la différence de
la grâce propre de Jésus-Christ-Christ , et celle de
l'état d'innocence ; *dans l'article XI* , sur la gratuité
du grand don de la persévérance; *dans l'article XIII*,
sur la nécesstié d'admettre un commencement de
charité , prise avec, saint Augustin , *lato sensu* , tant
dans la foi et l'espérance , que dans toute vraie vertu;
dans l'article XV ; sur la nécessité d'un commencement d'amour de Dieu dominant , pour former
un vrai rapport des actions à Dieu ; *dans l'article XVI*,
contre la doctrine de l'ignorance invincible de la loi
naturelle ; *dans l'article XVII* , on rejetta le probabilisme , avec une étendue toute nouvelle , sans
lui laisser la moindre exception. On profita dans

l'article XXIII de la règle de l'*Index*, établie par Benoît XIV, sur la permission de lire l'Écriture-Sainte.

Enfin, sur ce concert de doctrine, parfaitement établi, le 5 janvier 1771, *M. l'abbé Simioli* m'assura par lettre, « *qu'il ne falloit pas douter qu'un plan de* » *doctrine si bien conçu ne fût de nature à être ap-* » *plaudi sous ce pontificat, s'il étoit en effet présenté* » *par quelqu'un de poids dans l'épiscopat, et appuyé* » *de la sollicitation de quelque puissance souveraine;* » *qu'il en sentoit toute l'importance pour appaiser* » *les troubles de France et ceux de toute l'église* ». Il pensoit cependant aussi que le pape ne feroit rien sur cela de lui-même, et sans qu'on ne lui en fît instance.

En terminant cette disposition au fonds, on crut devoir surseoir à toute discussion de l'expression qu'on proposeroit au saint-siége pour y employer son autorité. A l'égard des *opposans*, cette discussion étoit alors prématurée, et susceptible de diversités de penser qu'inspireroit la politique ou les engagemens passés : c'étoit une discussion susceptible d'un procédé sage, tel qu'on l'avoit proposé en 1725; un prononcé plein d'équité, qui évitât de taxer les plus fidèles défenseurs de la tradition d'une résistance coupable envers l'autorité : l'on n'y supposoit ni errans et rebelles à ramener, ni

de gens scrupuleux et timides à éclairer. On n'auroit
rien fait de digne de l'église et de la vérité, en se
prêtant à un ton plus politique : on ne s'oc-
cupa donc que du fonds ; on laissa la composition du
dispositif et de la conclusion de l'*exposition* au tems
où le pape en prendroit connoissance par lui-même.
On se tenoit sûr que les conseils du saint - père
seroient à cet égard plus forts, pacifiques et équitables, que ceux de France. On ne tint pour fixe
que le *projet* de *doctrine* actuelle, commençant
désormais par ces mots : *Fecit Deus hominem rec-
tum*, etc.

En prenant pour bâse le projet de 1725, un texte,
proposé par le théologien de Paris, laissa seulement
une diversité de quelqu'importance *sur l'admission du
terme d'exemption de nécessité*, (*comme de coaction*),
dans la définition de la *liberté*, tant pour le fonds,
que vu l'équivoque de ce terme, qui demeure à expliquer. On en laissa la division au jugement du souverain pontife. On trouvera dans l'*Appendice du Journal* une discussion approfondie de se point, où l'on se
propose de prouver que saint Augustin n'auroit pas
admis le terme équivoque d'*exclusion de la NÉCES-
SITÉ*, pour qu'il y eût liberté dans l'acte, ou mé-
ritoire ou démeritoire, sur-tout dans la rédaction
d'une profession de foi.

CHAPITRE III.

CHAPITRE III.

Projet terminé du travail d'une nouvelle
exposition.

Dès que je connus le succès auquel se flattoient
d'être parvenus MM. Simioli et Gourlin, sur la teneur
et le résultat de leur travail, j'engageai toutes les
personnes que je connoissois, les plus éclairées et les
plus accréditées, à donner *leur avis*, tant sur le
besoin et l'importance de la publication par le saint-
siége d'une nouvelle exposition de doctrine sur les
matières contestées, que sur le texte, par lequel on
proposoit de l'exécuter, et je recueillis ce que j'en
reçus de réponse, tant de vive voix, que par écrit.
Il suffit d'en rapporter ici les avis du père Georgi et
M. Foggini, les deux théologiens, Simioli et Gourlin, et les cardinaux *des Lances*, et *Maréfoschi*.

J'avois d'ailleurs terminé alors le *mémoire*
étendu, projetté dès le mois de décembre passé,
pour montrer combien l'état actuel de l'église
exigeoit une exposition nette de sa doctrine contre
les principes d'irréligion, qui s'y étoient introduits

par la négligence ou l'innovation sur les vérités de la grâce. J'avoi communiqué ce mémoire au père Georgi ; je lui en avois demandé son avis, et l'ayant lu avec réflexion, il me répondit le 10 novembre, qu'il en demeuroit persuadé, et qu'il en adoptoit les points de vues et la conclusion. Quant au succès , quoique lié intimément avec le pape , il ne croyoit pas plus pouvoir qu'aucun autre de ses amis nous assurer *qu'on* eût rien à attendre du propre mouvement du pape sur le développement de la doctrine , *si* l'état des choses ne changeoit , et , tant que dureroit le crédit d'une société , ennemie de la doctrine de saint Augustin. Il disoit *que* le pape jusques-là ne prendroit aucun engagement , s'il suivoit son inclination ; mais qu'il ne mettroit non plus nul obstacle, tant au silence convenu sur les décrets , qu'à la profession de la sainte doctrine ; *que* n'y ayant alors nullement à se flatter de la ressource d'un concile , il ne voyoit d'autre ressource pour parvenir *à l'exposition* de doctrine que l'on desiroit, que l'union de quelques évêques éclairés , de quelque part qu'elle vint ; *qu'elle* remettroit en voie et en crédit un corps de doctrine , relatif au besoin, terminé avec la plus grande maturité , et le plus exact qu'il soit possible , et *que* cette union étoit capable d'entraîner tout ce que l'on desiroit.

Le 27 *octobre*, ce bon religieux , procureur-général de l'ordre des Augustins , l'un des consulteurs du saint-office , le plus accrédité , ami particulier du S.-père, étant venu à Naples en Villégiature, je lui communiquai moi-même ce *mémoire sur l'état de la religion,* etc. que j'avois projetté à Rome dès le mois de décembre passé avec lui , et terminé à Naples, ainsi que le point où l'on en étoit *sur l'exposition de doctrine.* J'eus même avec lui une conversation importanre sur les affaires de l'église , dont il est bon de conserver ici le résultat : je la mandai ainsi en France. « Toutes circonstances » pesées, il lui paroît ; 1°. *qu'à* l'occasion de la » déclaration d'amnistie , le roi est en état de se » procurer la *confirmation d'un troisième pape* , en » faveur du *silence* sur la bulle *unigénitus ;* qu'il » importe à la France de ne pas manquer de se le » procurer , d'autant que cela ne peut se refuser , à » la moindre démarche de la cour ; 2°. *que* le mo-» ment est convenable et opportun pour se procurer » un silence pareil sur le formulaire, par la cessation » des signatures. Le pape n'étant à la vérité disposé » à rien faire par lui-même, et étant au contraire » peut-être même disposé à y échapper , par les » délais et les tergiversations, si on le laisse à lui-» même ; mais y mettant trop peu d'intérêt pour y » faire la moindre difficulté , si la chose lui est

F 2

» demandée comme il faut. Ce religieux conçoit
» que, pour y parvenir, voici la marche qu'il faut
» prendre : *d'abord* dresser de bonnes remontrances
» du parlement, qui rendent sensible au roi les maux
» passés, présens, et à venir, d'une telle signature,
» exigée sans distinction de fait et de droit ; son
» inutilité, son danger pour la perpétuité, qui en
» résulte de contestation et de trouble, et pour l'al-
» tération qu'on en peut conclure de la doctrine de
» l'église sur les matières de la grâce ; la nécessité
» d'abandonner ces *décisions indeterminées*, qui
» divisent les esprits, pour s'unir dans la défense de
» la religion contre les nouvelles attaques qu'on lui
» porte tous les jours. Ces signatures perpétuent
» l'injuste et fausse idée d'une hérésie, et d'héré-
» tiques, qu'on ne peut définir. Elles ne s'exigent
» nulle autre part qu'en France, et elles n'y trouvent
» aucun défenseur de l'erreur ; finissant par dire,
» *qu'on* ne doute point que la religion du roi l'en-
» gagera pour faire cesser ces signatures, à en con-
» certer avec le saint-siége, et que c'est le cas d'en
» montrer les motifs les plus décisifs à un pape,
» qui paroît vouloir se conduire avec la plus grande
» prudence, et se conserver la paix. M. de Choiseul
» est en état, ajoutoit alors ce religieux, d'em-
» ployer à une fin si importante tout le crédit,

» d'un ton affirmatif, par le nonce en France, qui
» lui doit tout ; ainsi que de se faire fortement
» seconder par le nouveau cardinal Maréfoschi,
» puissant auprès du pape, très-éclairé, et disposé à
» employer son crédit pour les cours et le bien de
» l'église ; et *qu'en* cas de détours et de finesse, qui
» chercheroient à échapper à cette instance, le mi-
» nistère de France seroit encore sûr de réussir, en
» donnant sur ce point des ordres positifs au car-
» dinal de Bernis, qui au fond est ami de la paix, et
» qui, s'il le veut, a tout l'ascendant nécessaire pour
» finir, sans difficulté et sans délais, cette trop
» longue affaire : le saint-office pourra être consulté.
» Il est facile alors que M. Maréfoschi engage à en
» prendre de préférence le vœu du père Georgi,
» consulteur ; il a tout prêt, sur ce vœu, les matériaux
» les plus décisifs pour persuader. Mais l'éminence
» de Bernis est le meilleur vœu à employer ».

Le prélat *Foggini*, ami du cardinal Maréfoschi,
à qui je communiquai ces vues, me répondit *le 30
octobre* avec beaucoup de maturité. « Je ne puis
» adopter, dit-il, la manière qu'on se propose
» dans cette opération. Une affaire de cette nature,
» mise en négociation, se perdera en vains propos,
» *svanira in ciarle*. Pourquoi ne pas suivre la route,
» pratiquée depuis peu si heureusement ? Qu'on
» étende la loi du silence jusqu'à cet article, et tout

» est fini. Je suis persuadé qu'on trouvera aujour-
» d' ui la même équité, qu'on a trouvée du tems
» de cette loi, et que votre législateur ne sera encore
» traité que *d'ange de paix*. Il y a ici un proverbe
» qui dit, qui a commencement, a fin. *Ha cosa*
» *fatta , chi capo ha ;* et , ce qui s'est fait avec
» équité, sera toujours de bonne ouverture à faire
» de même. Je pense donc ici que tout sera fait quand
» on fera voir le raisonnable de ce qu'on propose,
» son utilité, sa nécessité, sur-tout, si des évêques
» distingués, tels que ceux que l'on dit, y accèdent.
» Quand on ne craint plus d'erreurs, on cesse d'y
» opposer des précautions. N'y en a-t-il pas des
» exemples de tout rems, jusqu'aujourd'hui ? Bien
» plus ; il est même nécessaire de faire cesser ces
» précautions, pour qu'on n'ait plus du tout à penser
» à une erreur, à une dispute, à un procès, qui
» n'a plus de sectateurs ou de partisans ! Peut - être
» que d'ici on ne voudra pas entrer en matière,
» *non si vorra interloquire ;* mais par le silence
» même, on parle assez. C'est tout au contraire , si
» on veut qu'on défasse ici par autorité des choses
» que nous ont fait faire, ceux-là même qui en sentent
» aujourd'hi le poids ; mais qui l'ont voulu. Que
» l'on y veuille contracter de nouveau engagemens,
» ne l'espérez pas. Voilà, mais en confidence, mes
» foibles pensées, dont je vous fais part avec sim-

» plicité ; car il ne faut pas beaucoup de discours à
» qui entend très-bien. Dieu sait ce qui ait de mieux !
» Mais, il me semble que c'est cela. Quant aux
» instances qui se font pour le rappel des bannis,
» pourquoi n'en pas profiter pour obtenir de même
» le rappel de tous ceux qui ont été exilés pour ces
» affaires, et même le rétablissement des membres
» des universités ? La grace ou la justice doit être
» générale ».

Comparant l'avantage de ces deux plans, d'établir
la paix dans l'église, je préférois le second, s'il étoit
possible, comme plus sûr, et proportionné à la politique romaine. Mais les circonstances seules pouvoient décider de prendre de l'un et de l'autre ce qu'il
y auroit de plus propre au succès.

CHAPITRE IV.

État des Cours. Retour à Rome. Audiences.

IL faut reprendre sommairement ici ce que je pus recueillir à Naples des dispositiods des cours.

Les nouvelles que j'appris là de l'Escurial, en date du premier mai, furent, comme celles de Turin et de Lisbone, *que* les cours avoient la parole assurée, et par écrit, de l'extinction des jésuites par le pape ; mais sans savoir encore quand et comment elle se feroit. Le 9 juin, je reçus de France, par lettres des 7 et 14 mai, les réponses à la perspective générale des négociations des cours, que j'y avois envoyée le 18 avril. J'y vis, avec plaisir, qu'on estimoit exacte cette perspective, bien vue et conforme aux notions de la cour : on en tiroit seulement des conséquences très-favorables, et j'observai que les avantages ne pouvoient s'en recueillir que dans des distances fort éloignées.

Le 14 juillet, on croyoit chacun pouvoir prendre de nouveau confiance dans l'exécution de l'extinction si sollicitée. L'un dit *qu'elle* se combine pour l'arrivée de M. Conti , nonce à Lisbone , avec la nouvelle preuve de complicité des jésuites, afin de les ensevelir avec cet honneur de plus ; l'autre, *que* le pape assure que les motifs de son délai sont tels , qu'ils auront l'applaudissement de tout le monde , quand on le saura ; un autre enfin , *qu'il* est sûr qu'on prend note exacte de leurs fonds ; *que* le motif du délai n'est que la nécessité de pourvoir à toutes leurs fonctions ; *que* beaucoup de sujets y sont déjà destinés , et *que* tout s'expliquera à la rentrée des *études*. J'appris en même tems la révolution qui venoit d'arriver en France, et qui étoit fort étonnante en ce moment, dans l'affaire du duc d'Aiguillon. Il avoit été mis en justice , comme gouverneur de Bretagne , où il avoit puissamment favorisé les jésuites contre la magistrature. Une intrigue profonde venoit d'engager le roi à anéantir ce procès, sans le juger. Une disposition , si contraire à toutes les formes légales , me parut dirigée contre les parlemens , qui sont dépositaires de ces formes, et ne pouvoir se terminer que par la plus grande résistance , l'exil du parlement , et les plus grands extrêmes.

Le 18 *août*, les choses étoient à Rome , toujours comme à mon départ ; on y étoit incertain de la proximité ou de l'éloignement du développement de toutes choses ; du reste, en attendant ce développement, je me trouvois à Naples, plus occupé utilement, et surchargé, qu'oisif.

Le premier septembre, j'eus avis, par les personnes les plus instruites, qu'elles se flattoient, que le terme si attendu iroit apparemment jusqu'au mois de novembre: tous les ménagemens extérieurs de l'Espagne et de Portugal étoient épuisés. Le roi d'Espagne ne vouloit pas que M. Valenti eût le caractère d'ambassadeur, sans avoir obtenu l'extinction préalable, et le Portugal ne vouloit ni bref ni nonciature pour M. Conti, ni l'exécution de sa conciliation sur les demandes de Rome, sans cette même condition préalable. Les affiches de Rome avoient dit, sur les longueurs interminables du pape : *Il papa Clemente, discepolo di Sisto, va menchionando satanasso e Cristo.* Mais il se montroit, disoit-on, aux yeux mêmes de la société, si forcé et contraint par les princes ; que, malgré tout son zèle supposé pour elle, il falloit finir son extinction. Jamais je n'ai vu cette affaire annoncer d'avantage sa prochaine consommation, sans cependant en rien assurer. Il paroissoit que la reddition de Bénévent et d'Avignon ne tenoit plus qu'au caractère irrévocable qu'on exigeoit de cette extinction. Rien en attendant ne me paroissoit plus touchant que les troubles dont les jésuites remplissoient la Bretagne, et l'extrémité des démarches qu'ils préparoient contre les parlemens.

Le 22 septembre, j'appris que le pape venoit enfin de s'expliquer, au moins sur le choix du premier cardinal, de sa nomination, le prélat Maréfoschi, dont le mérite connu, les lumières et les façons de penser, caractérisent celles du pape. Il publia aussi, dans le consirtoire du 20 *septembre*, l'ouverture de la nonciature de M. de Conti à Lisbone; mais cela ne décidoit point les affaires.

Le 20 octobre, on répandit que la suppression des jésuites s'avançoit ; mais qu'ils faisoient aussi tous les mouvemens que le désespoir pouvoit leur inspirer pour l'empêcher ou la reculer, au moins jusqu'à l'ouverture d'une guerre, dont ils paroissoient préparer l'embrâsement. Apprenant en même tems l'épineuse délibération que l'on préparoit au parlement pour le 3 décembre, il ne m'y paroissoit de ressource dans les formes anciennes, que la force d'inertie dans les parlemens, par le sacrifice de leur état. Mais la société expirante n'y préparoit-elle pas encore de nouveaux malheurs ! C'est ce que je craignois dès-lors.

Au *premier* jour de *décembre*, on entroit en France dans la naissance des troubles, que le chancelier Maupeou préparoit à la magistrature, en at-

taquant, sous l'autorité du roi même, les principes
constitutifs de la nation. Comme je voyois les personnes éclairées de Naples prendre un intérêt sensible,
j'exhortois, le 8 décembre, un magistrat de Paris à tâcher de conserver à la monarchie sa bâse si essentielle,
heureusement établie sur les loix, et aux peuples un
reste de liberté, qui est le garant de leur fidélité, et le
meilleur appui du trône, *observant* que je ne voyois pas
dans l'Europe un seul systême du gouvernement qui
approchât de la beauté du nôtre, à le prendre tel que
nos rois et leurs ordonnances, les sermens des magistrats, le génie français, le desir et l'attente des
peuples, l'ont conçu depuis tant de siècles, comme
le plus conforme à la lumière de l'équité naturelle.
« Soyez assez heureux, disois-je, pour le conserver
» à la postérité du prince et de ses sujets, et vous
» ferez le bonheur de la nation, et l'objet de la ja-
» lousie des étrangers ».

Le *6 décembre*, la chambre royale de Naples recueillit les avis de ses commissaires sur les *règles de
la chancellerie romaine*, et l'on n'attendoit plus que
la décision du trône, appuyée de toutes les lumières
que pouvoit présenter le requisitoire de l'avocat-
général de la couronne, sur plusieurs points ecclésiastique. On espéroit que cette nouvelle législation

seroit d'autant plus sage , que c'est le ton que S. M. Catholique aime , et qu'il inspire à Naples , où il gouverne encore.

Les nouvelles que j'avois d'Espagne étoient ,
» *qu'en* fait de bon ordre , d'études et d'éducation ,
» le royaume faisoit beaucoup de progrès, et qu'en
» fait de principes de droit public et du concert entre
» le sacerdoce et l'Empire , l'Espagne en faisoit de
» plus grands encore, par proportion au passé. Les
» hommes en place que j'y avois connu en 1768 ,
» voudroient , me disoit-on , m'y voir au moins
» quelques jours, pour en partager leur satisfaction
» et leur surprise ».

Des amis de Rome , fort instruits mandoient, *le 28 decembre , que* le cardinal Maréfoschi , du titre de saint Augustin, continuoit à jouir de la confiance du saint-père, et *qu'il* est le seul des cardinaux qui ait son audience fixe à tous les dimanc es soirs, comme il l'avoit lorsqu'il étoit secrétaire de la Propagande. On en infère , qu'il a part au plan de la suppression si attendue : cette suppression passe pour très-sûre chez tous les ministres des cours de la maison de Bourbon , quoi qu'aucun d'eux ne sache précisément le tems où elle se doit exécuter. « Ce
» que je sais, disoit-on , c'est qu'ils se montrent
» très-contens, et qu'ils ne font plus aucune plainte
» contre le saint-père ». Le pape vient de défendre

aux jésuites Napolitains et Siciliens, réunis à Vi-
terbe, de s'ingérer d'avantage dans l'administration
des sacremens et dans la prédication : on dit même
que cette défense s'étend à tous les jésuites étrangers ;
c'est-à-dire, expulsés des autres états, et qui se
trouvent dans l'état ecclésiastique. De plus, on a
dnnné ordre aux jésuites qui étoient à *Civita-Vechia*,
et dans les autres villes de la plage de la méditerranée,
de les quitter, et de se retirer dans d'autres lieux. Il y
en a qui disent que c'est pour avoir eu part au sou-
lèvement des galériens, qui est arrivé l'été dernier à
Civita-Vechia.

Le 2 *février*, j'observai que, par-tout en Italie,
les jésuites et les Ultramontains triomphoient du renversement des parlemens, comme de l'unique bar-
rière qui retenoit leurs intrigues et leurs préjugés.
« Mais, tout ce qui n'étoit point porté par ces en-
» gagemens estiment, disois-je, notre constitution
» monarchique, et applaudit à ses défenseurs ». A
Naples, où tout se règle par le fait et la volonté du
jour, sans autres délibérations libres des conseils, et
par la dépêche du moment, la gazette de la cour
portoit, *que* l'on craignoit pour le parlement des
violences et des exils ; mais *que* l'on tenoit pour
certain que la cour de France prendroit un autre parti.
Il transpiroit dès-lors à Naples *que* ce setoit le parti
de la suppression. Je n'appris que le *9 février* la dé-

cision de ce parti , les exils et les dispersions. Je
partageai la sensibilité de cet évènement , éclatant
avec tout ce qu'il y avoit en pays lointain d'hommes
équitables et honnêtes. J'en conclus d'accélérer désormais , autant qu'il seroit en moi , le plan de mon
retour en France. Je fis seulement savoir en Espagne,
que le vrai mobile de tant désordres , étoit la ressource
que la société des jésuites s'étoit imaginée en France,
par M. le duc d'Aiguillon et le chancelier Maupeou,
dans l'espérance de profiter des troubles , pour parvenir encore à son rétablissement. Les amis les plus
choisis que j'avois en Italie , MM. Bottari , Foggini
et de Gross , me faisoient instance de rester à Naples ;
mais je les voyois plus fondés sur la maxime *rumores*
fuge , au milieu des troubles de France , que sur
aucune espérance actuelle de quelque bien à attendre
ou à faire. Il demeuroit certain *que* , malgré les paroles données , le pape alloit rester , durant cette
tempête, dans la plus entière inaction. Je conclus
donc qu'il devoit me suffire de laisser les choses
éclaircies et d'accord sur le fond de doctrine dont on
s'étoit occupé , et d'en avoir assuré l'appui et le crédit
pour le tems où il seroit possible d'y revenir utilement.

J'annonçai le 17 *mars* , à mes amis de France , les
dates que je me proposois pour mon retour , ajoutant :
« Le pape ne se développe plus ; il paroît souffrir

» au contraire volontiers que son silence soit in-
» terprété en faveur de la société. Les amis qu'i
» accueille le plus, craignant autant qu'ils espèrent,
» du moment où un homme si profond se fera enfin
» connoître ». La politique étrange des cours in-
» fluoit beaucoup elle-même sur ce ton nouveau du
» saint-père ; « car, disoit-on, c'est un cahos.
» Tandis que l'Espagne et le Portugal continuent de
» poursuivre franchement l'extinction, la France ac-
» tuellement y met presqu'autant d'obstacles, que
» d'appuis apparens. L'impératrice-reine, qui y a
» consentie par un diplôme, s'y oppose secrètement :
» l'empereur s'en embarrasse peu. La Prusse, la
» Pologne, la Sardaigne, s'y témoignent op-
» posés ».

Les lettres de France que je reçus, datées du 4
mars, me proposoient de passer d'Italie en Espagne. Je répondis le 23 *mars*, *que* ce voyage ne me
paroissoit avoir aucune vraisemblance, à moins que
je n'y fût autorisé par le nouveau ministre qui
remplaçoit M. le duc de Choiseul. L'Espagne pressoit
toujours le pape sur ses demandes : le roi venoit de
déclarer à M. d'Aspuru, son ministre à Rome,
« *qu'il* étoit las de tous les délais que l'on y mettoit ;
» *que* sa conduite ne pouvoit manquer d'y influer ;
» *qu'il* ne recevroit plus de pareilles réponses, et
» *qu'il* étoit fatigué d'être si souvent trompé : et sur

ce

» ce que le pape lui offroit un chapeau de cardinal
» pour M. d'Aspuru , le roi disoit sur de pareilles
» offres , que M. d'Aspuru étoit récompensé par
» l'archevêché de Valence, plus que ses services ne
» méritoient ». Pour le Portugal , le pape répondoit
simplement à M. d'Almada , *que S. M.* seroit satis-
faite en son tems sur cette demande , et que son ministre pouvoit en assurer les autres ambassadeurs. Il
étoit évident que c'étoit aux intrigues de la société
que ces délais étoient accordés : on ne pouvoit plus
en assurer le terme , et bien moins encore des intérêts
de doctrine , de genre à être demandés bien plus
mollement par les cours , et différés par la politique
romaine.

Je mandai de Naples, le *samedi saint*, 30 *mars*, que
pour éviter cette année-là les difficultés précédentes
sur la publication de la bulle *in cœna Domini*, le
le jeudi saint , le pape venoit de donner à l'Italie un
jubilé , qui ne permet pas de lancer des anathêmes de
ce genre au milieu des indulgences.

Retour de Naples, et passage a Rome.

Audience du cardinal Maréfoschi.

Présentation au pape des œuvres de l'église de Lyon, sur la grâce.

Je partis de Naples le mardi de Pâques, 2 avril, pour coucher à Mola de Gaëte, le 3 à Velletri, et le 4 à Rome. J'y appris le 10 *que* le roi d'Espagne faisoit en ce moment de si vives instances, *que* le pape ne paroissoit plus occupé d'autre chose, que de la grandeur de cet embarras, et *qu'il* n'attendoit que de pouvoir alléguer une coaction suffisante pour en sortir. Comme beaucoup de personnes engagées paroissoient se réjouir des troubles de France, (quoi qu'elles fussent favorables d'ailleurs à la doctrine et à la paix), je leur fis observer *que* les papes, l'église et la religion, ont reçu, dans tous les tems, l'appui le plus important des parlemens et des loix de France, et *que* le saint-siége en a souvent donné acte et exprimé sa reconnoissance ; *qu'ainsi* ce seroit une illusion que de se réjouir de ces troubles. Je vis M. le cardinal de Bernis, avec qui je convins de quelque séjour à Rome. Le pape regrettoit la chûte de M. l'évêque d'Orléans (1), déplacé du ministère ecclésias-

_____

(1) M. de Jarente.

tique ; mais les créatures de Clément XIII , et les jésuites s'en réjouissoient. Le ministre du Portugal dit alors à M. de Conti, nommé nonce en ce royaume, » *que* si les délais duroient encore plus longtems, » il avoit ordre de préparer ses équipages pour » quitter Rome ». On croyoit dans ces circonstances que delà à la saint-Pierre tout seroit terminé.

10 *avril. Audience du cardinal Maréfoschi.*

J'employai le tems que je fus à Rome à informer sur tout ce qui s'étoit fait avec moi à Naples ; tous les amis qui prenoient intérêt à la doctrine , le général, et le procureur-général des Augustins, surtout MM. Bottari , Foggini , et le *cardinal Maréfoschi* ; j'insistai sur-tout avec le cardinal, *le* 10 *avril, dans l'audience* que j'avois demandée, pour lui présenter mon MÉMOIRE sur le projet d'exposition de foi , et à lui observer , « *que rien* » *n'étoit plus pressant* pour l'église , dans la diversité » d'enseignement qui se répandoit de toutes parts , » et favorisoit la chûte de la religion ; *que l'expo-* » *sition par le saint-siége de sa perpétuelle doctrine* » sur les matières contestées ; *qu'elle* seroit capable » de réunir tous les esprits par son autorité; *que* » depuis deux siècles les papes avoient cessé cet en- » seignement solemnel et positif, dont la lumière » lui avoit acquis dans les siècles passés la plus

» grande considération; *que* depuis ce tems il ne sortoit
» plus de Rome que des décrets indéterminés dans leur
» objets et sans lumières, des censures vagues de pro-
» positions, dont on avoit souvent peine à connoître
» le vice ; *que* le défaut seul d'application des qua-
» lifications aux propositions , rendoit impossible
» aux théologiens les plus éclairés d'en conclure
» quelle doctrine ils devoient tenir ; en un mot ,
» *que* l'usage de l'église , fondé sur sa sagesse di-
» vine , étoit de faire toujours précéder ses exposés
» de doctrine , ses canons , avant ses censures et ses
» anathématismes ; *qu'il* résultoit de fait par la con-
» duite opposée , qu'après tant de propositions con-
» damnées, une multitude de vérités ne se pouvoit
» plus expliquer , sans risque de contradiction ;
» *qu'enfin, il étoit tems que le saint-siége reprît ,*
» *par la clarté de son enseignement , tout le lustre*
» *qui appartenoit a une si grande autorité* ».

Ce CARDINAL si éclairé avoua volontiers toutes
ces observations , et me dit : « QU'ELLES *étoient*
» *ressenties par le saint-père , qui occupoit alors le*
» *saint-siége* ; QU'IL *l'avoit fait connoître dans sa*
» *lettre circulaire à tous les évêques , en invitant*
» *tout le monde à revenir désormais aux vraies*
» *sources de la doctrine de l'église , l'Écriture-*
» *Sainte , et la tradition ; qu'on ne le verroit*
» *sûrement pas sortir de ce plan sous son pon-*

» *tificat.* Enfin , *que , dès qu'il seroit libre de*
» *s'occuper de la considération des matières impor-*
» *tantes dont je lui parlois , il ne doutoit pas que le*
» *pape ne s'occupât de fixer , avec toute la lumière*
» *de son siége , les principes de doctrine , trop al-*
» *térés et obscurcis par les contestations ;* QU'IL
» *liroit avec attention le mémoire que je lui remettois,*
» *sur les avantages que l'irreligion recueilloit de*
» *ces disputes , et qu'il s'employeroit de tout son*
» *pouvoir à servir alors la doctrine de saint Au-*
» *gustin et de l'église* ». Je quittai cette éminence
avec la plus grande consolation, et comblé de son
honnêteté (1).

Le Pape reçoit la collection de la doctrine de l'église de Lyon.

M. Foggini remit , durant ce dernier séjour à
Rome , entre les mains du pape même , deux vo-

_____

(1) Le cardinal survécut peu au changement du pontificat. Étant demeuré dépositaire du *projet* proposé d'exposition , et du *mémoire* relié, ces pièces demeurant dans
sa bibliothèque , qu'il donna par testament à sa patrie ,
à Sinigalia. Mais le pape la retint à la bibliothèque
apostolique , et le dépôt y demeure conservé.

lumes, qu'il avoit eu la permission de lui dédier, renfermant *la doctrine de l'église de Lyon sur les matières de la grace.* Le Pape les reçut avec beaucoup d'accueil et de satisfaction : c'étoit une suite que ce prélat donnoit à sa *collection* des ouvrages de saint Augustin, saint Fulgence et saint Prosper. Il m'en donna un exemplaire à présenter à mon retour à M. l'archevêque de Lyon. Je laissai le père Georgi, également bien disposé, et plein de zèle, pour appuyer la saine doctrine auprès du pape, dès qu'il pourroit s'en occuper.

17 avril. Départ de Rome, pour retour en France.

Je pris enfin congé de tous les amis que j'avois pratiqué à Rome. J'en partis *le 17 avril.* J'arrivai le 19 à Florence, où je restai jusqu'au 22. Je passai delà à Bologne. Je vis le 25 à *Plaisance* le célèbre chanoine *Guerreri*, qui avoit écrit sur plusieurs matières ecclésiastiques, avec beaucoup de lumières. Je vis aussi à *Turin, le 27*, M. l'évêque d'Asti, prélat distingué par son savoir et sa vertu, précédemment prêtre de l'Oratoire Saint-Philippe de Néri, à Rome. Je passai le Mont-Cénis, *le premier mai.* J'arrivai à Lyon le 5 suivant, où je remis à M. l'archevêque-primat les deux volumes de collection de la doctrine de son église, présentés au pape, et agréés de sa sainteté , à quoi M. le primat parut fort sensible. J'assistai le 9 mai à l'office de l'Ascension , à Baune. J'arrivai le 10 *mai à Auxerre* , et je fus peu de jours après de retour à Paris.

On vit développer dans les années suivantes les profonds desseins de Dieu sur son église. En France , les troubles introduits par le chancelier Maupeou dans tous les ordres de ce royaume , durèrent jusqu'à la mort de Louis XV , qui arriva le 10 mai 1774 ; mais sans pouvoir sauver de leur destruction les jésuites , qui triomphoient de ces troubles.

NOTE.

C E S *Mémoires ne doivent point se terminer sans rendre sensible et suffisamment développé* l'objet *propre de la sollicitude qui les a procurés.* On y a vu *l'accord des deux puissances pendant douze ans , pour éteindre de pernicieuses contestations qui troubloient la paix des églises et des états , et qu'elles n'y ont trouvé de moyen possible qu'en assurant le concert de l'enseignement public , par l'accord convenu de la tradition perpétuelle de*

G 4

*l'église, bâse certaine de l'infaillibilité. Mais,
quel a été* l'objet précis de la doctrine *qu'il
s'agit de fixer sur* ces contestations ? *Quels
ont été les moyens demandés et exécutés pour
remplir des vues si importantes et si autorisées ? C'est ce que renferme le suivant*
Mémoire.

*Il faut observer sur ce point que se seroit se
tromper,* toto cœlo, *que de supposer que ces
mémoires ayent eu pour objet d'agiter de nouveau les troubles des décrets d'Alexandre VII
et de Clément XI :* ce seroit, rem actam
agere, *que de revenir sur ces décrets. Pie VI,
prononçant, dans la forme la plus solemnelle
des oracles du saint-siége., en réponse à une
église assemblée devant lui,* a jugé et déclaré, *que ces décrets étoient étrangers à l'enseignement des fidèles ; qu'il n'en doit être
question que dans les écoles theologiques ;
mais que là même il ne devoit leur être donné
place que dans la partie* historique.

MÉMOIRE.

1º. *Sur L'OBJET propre, qui a engagé dans ces négociations, pour éteindre les divisions en France.*

2º. *Sur les POINTS de DOCTRINE dont a été demandé l'exposition au Saint-Siége, pour éteindre les troubles dans l'Église.*

OBJETS DE DOCTRINE

Qui agitoient la France, et occasionnèrent ces Voyages.

C'est une chose frappante, et digne de toute considération, que le cours rapide des opinions nouvelles, la multitude et le progrès des systêmes d'erreur , qui se sont introduits parmi les chrétiens depuis deux siècles. Depuis cette date seule, que d'idées diverses , que de plans hasardés sur l'influence de la cause première de toutes choses , sur la providence générale et particulière , sur le plan et l'exécution de ses volontés dans l'ordre physique et dans l'ordre moral ; sur l'état obscur de l'homme en cette vie ; sur la nature de ses devoirs ; des secours divins dont il a besoin , et sur ceux dont il est plus ou moins favorisé !

Le développement de cette décadence présente *DEUX CAUSES* : *première cause*, la fausse philosophie qui s'est introduite en ce siècle : *seconde cause*, les divisions , les altérations , les affoiblissemens de l'enseignement même ecclésiastique , qui ont été jusqu'à introduire cette fausse philosophie dans les théologies, et tous les ouvrages de doctrine.

PREMIÈRE CAUSE.

Cause de la défection de la Foi. Fausse Philosophie introduite parmi les Catholiques.

Les égaremens des philosophes de nos jours renversent la religion en deux manières différentes. 1°. Plusieurs par l'adoption arbitraire qu'ils font de divers sentimens sur l'état de l'homme en ce monde, tous différens, et de leur choix. 2°. Le plus grand nombre, par une attaque commune et directe contre la nécessité d'aucune révélation. Ce sont *deux degrés* différens d'égaremens qu'il faut rendre sensibles.

PREMIER DÉGRÉ.

Doute et Pyrrhonisme général, qui tolère toutes les opinions, et n'en adopte aucune, comme préférable et néccessaire.

-Donner une première entrée dans son esprit aux doutes qu'un fidèle se permet dans les choses de la religion, sous le prétexte des ténèbres trop réelles de cette vie; c'est le premier pas de l'affoiblissement de la foi. Une croyance foible et froide laisse bien-tôt ouverture à mille difficultés, qui semblent se dissiper d'abord ; mais qui renaissent ensuite, et qui se succèdent sans cesse ; enfin, écartée de la voie, seule sûre de l'autorité divine, elle précipite les uns dans un pyrrhonisme général, et les autres dans une multitude d'opinions, incapables de les fixer. Tel fut longtems l'état moins décidé des maux que nous voyons portés à leur comble.

Les plus hardis systêmes sont commencé par ces doutes, par cette foiblesse dans la foi, par cette hésitation sur la parole de Dieu, qui la balance avec des opinions nouvelles. Les chefs, auteurs de ces systêmes, ont commencé par laisser volontiers leurs esprits chancelans flotter sur leurs propres ténèbres, même sur le point d'une religion révélée. Eh ! n'est – elle pas au moins refroidie par la contagion de cette maladie mortelle !

Pour n'etre point infini dans son exposé historique, il suffit de signaler ici l'état de ces *classes principales* d'opinions des auteurs qui se forment quelque célébrité, et qui se partagent actuellement le domaine des esprits en Europe.

Pascal, plus profond et plus sage que ces auteurs, remontant dans ses *pensées sur la religion*, jusqu'aux premières causes des égaremens des hommes, les partage en deux classes : l'*orgueil* et le *désespoir*, sont ces deux classes.

Il le prouve, et on peut dire que l'expérience en cette matière ne justifie que trop combien cette pensée est véritable et fondée, puisque toutes les nouvelles opinions sont puisées dans l'une ou l'autre de ces deux sources. C'est ou l'orgueil, qui soutient que la raison seule se suffit pour principe de conduite, ou le désespoir d'atteindre le but, par une ressource, en effet si foible, qui fait abandonner tout principe, et qui précipite dans une sorte de fatalisme impie. Mais, à considérer la progression des idées , on peut les réduire assez exactement *à cinq principaux chefs ,* qui sont autant de notions erronées sur les forces de l'homme, et sur ses devoirs. Suivons-en l'enchaînement.

1°. On ne peut douter , disent ceux de nos philosophes qui se piquent le plus de modération, que Dieu n'ait suffisamment pourvu les hommes, en l'état où ils naissent , de ce qui leur est nécessaire , pour connoître leurs devoirs , et pour les acquitter. Dieu a pourvu suffisamment l'homme, tel qu'il naît , de ce qui lui est nécessaire ; son esprit, par la lumière de la raison, et son cœur, par le sentiment de la conscience. Il ne tient qu'à l'homme , en cet état, d'accomplir avec ces secours la loi de ses devoirs; il est dès-lors agréable à Dieu : il en est de même en quelque religion , qu'il soit fidèle aux devoirs naturels de cet état. Les mystères révélés au-delà de ces lumières n'appartiennent point à l'ordre des devoirs. Heureux, disent-ils, ceux qui peuvent soumettre sincèrement à de tels mystères l'adhésion de leur esprit !

2°. L'homme, selon la prétention d'un autre philophe, si célèbre par ses paradoxes, l'homme est par sa nature trop peu éclairé et trop foible ; il faut avouer, sans difficulté, qu'il auroit besoin d'une révélation supérieure pour suppléer à ce qui lui manque. Mais, parmi les révélations qui se trouvent sur la terre, il n'y en a point que l'on puisse dire être suffisamment intimée et connue aux hommes, pour les lier à des devoirs. Dieu ne condamnera donc personne pour n'avoir pas discerné quelle seroit la véritable. Ce qui reste donc pour régler des devoirs, qui soit proportionné à l'état de l'homme, c'est de suivre sa conscience, autant que le permet la force des passions et de l'intérêt particulier. L'homme plaît à Dieu, lorsqu'il le sert selon ces forces données ; elles lui font atteindre un degré de vertu, qui va jusqu'à former un spectacle agréable à la divinité même. Pour honorer ainsi Dieu, chacun dans le culte admis où il nous a fait naître, il n'y est donc pas nécessaire d'une croyance intérieure de ce culte ; il suffit d'en pratiquer l'extérieur pour le bon ordre de la société, et d'aller directement à Dieu, directement et par le cœur. L'homme ne peut être coupable des passions avec lesquelles il naît ; il n'est comptable pour les régler que de la lumière de son propre esprit, et des forces de son cœur : ce systême est un de ceux qui ont fait le plus de prévaricateurs dans tous les ordres et tous les états. C'est tout le plan du livre de l'*éducation de Rousseau.*

3°. Un troisième de ces faux sages, fondé sur la même bâse, conclut tout différemment (1). L'homme, dit-il, est trop dépourvu du côté de l'esprit et du côté du cœur : ni l'un ni l'autre ne lui suffisent

_____

(1) Voltaire.

pour

pour lui servir de règle de conduite. Dieu
a voulu négliger son ouvrage jusqu'à ce
point. Le principe de tout est donc un vrai
fatalisme, un pur hasard, une impression
générale et aveugle , qui conduit tout ,
comme sans principe : et ainsi, point de
loi constitutive du bien et du mal des actions ; tout doit être réputé bien, les passions mêmes les plus désordonnées. On
trouve par-tout dans Voltaire, (quoique
par-tout flottant , et incertain dans ses
idées, et quoi qu'il ait formé tant d'aveu-
gles adorateurs), un zèle plein de chaleur
pour le ridicule fatalisme.

4ᵠ. Un autre auteur insensé va plus
loin dans la même route (1). L'homme,
selon lui , n'a reçu dans sa formation que
fort peu des dons de la nature , plus que
les bêtes, en fait de lumière, de raison, et
de liberté , de volonté : de tels dons sont
entièrement incapables de lui servir de

_____

(1) Livre de l'Esprit d'*Helvétius.*
Tome III.   H

principes de conduite. Il ne lui a été donné qu'un pur instinct, et aussi il n'est pas plus coupable que les bêtes dans la pratique des vices et des désordres les plus extrêmes. C'est donc la vue présente de l'intérêt seul qui peut lui servir de mesure, de devoirs et de principes, de pratique et de conduite.

5°. Enfin, il n'y a rien de certain, ont dit les autres, purs échos des anciens Pyrrhoniens (1). L'esprit humain ne peut atteindre jusqu'au degré de la certitude de raison, qui seroit nécessaire pour fixer et arrêter des jugemens avec solidité. Delà vient la diversité de tant d'opinions et de systêmes. Il est également facile de prouver le vrai et le faux. L'homme n'a donc nul principe certain de croyance, ni de devoirs, nulle règle assurée d'aucun culte nécessaire.

Presque toutes ces opinions étranges,

_____

(1) Montagne, Bayle, etc.

répandues en ce siècle , sont nées dans l'Angleterre, qui , depuis si longtems , a quitté la voie de l'autorité en matière de religion : elles ont été quelque tems préparées , comme autant de poisons subtils, dans cette île , qui s'étoit déjà rendue célèbre autrefois par l'importance de ses illusions sur les forces morales de l'homme: delà elles se sont répandues rapidement , depuis un demi-siècle , dans toute l'étendue de l'Europe, et dans toutes les communions diverses du culte chrétien. La France, altérée dans sa lumière et dans ses mœurs, leur a, depuis cette époque, prêté sa langue, qui se trouve la plus généralement pratiquée, et leur aservi de canal dans le style le plus séducteur.

1°. Qui peut ignorer avec quelle espèce d'enchantement toutes les contrées de ce continent ont saisi récemment l'ouvrage *de Bélisaire* , et ont voulu rendre en leur langue , (anglaise , allemande , hollandaise, russe même, etc.), ce tableau prétendu de la perfection de la vertu, dans

l'état de la religion purement naturelle ?
C'est la première classe d'erreur dont nous
venons de parler. *Dalembert et Marmontel*,
ses auteurs, ont osé annoncer dans leurs
cercles académiques, que telle seroit à
quarante ans delà l'unique façon de penser
dans leur patrie : Dieu daigne en préserver
la France ! Mais une telle témérité ne se
sentoit que trop appuyée sans doute sur
des degrés de vraisemblance, et sur l'état
actuel des esprits.

2°. L'*Emile* de Rousseau, et sur-tout l'article de sa profession de foi du vicaire sa-
voyard, avoit, avant *Bélisaire*, su présenter, dans un style simple en apparence,
coulant et agréable, et sous le voile d'une
fausse dialectique, ce que nous appelons
ici *la seconde classe des opinions du tems*. Or,
qui peut savoir, que Dieu seul, combien a
formé de prévaricateurs, et publics et secrets; combien de sectateurs enthousiastes;
combien a fait de plaies, même cachées
dans les ames, le système impie et hypo-
crite de cet ouvrage, suivi d'un succès si

rapide, aussi répandu dans toutes les langues, et plus dissimulé que *Bélisaire*. Il est vrai que cet ouvrage s'annonce aussi ennemi de tout état policé, que de toute religion certaine et déterminée. Mais, en a-t-il laissé les cœurs moins malades ? C'est à ceux qui connoissent l'état du monde, et des ordres les plus saints, à en juger.

3°. Quelqu'étonnans que soient, à toute personne réfléchie et impartiale, les progrés du *fatalisme* de Voltaire, c'est un autre mal immense de notre siècle. Il faudroit être bien étranger à l'histoire de notre tems, pour ignorer la multitude des adorateurs, qui ont pris ce philosophe pour l'oracle de son siècle. Il suffit de le nommer, pour rappeler, avec le peu d'estime publique de sa personne, l'étendue de la séduction que ses ouvrages ont opéré, jusques dans tous les genres de poésie, de philosophie et d'histoire.

4°. Il n'y a pas jusqu'au livre de l'*Esprit,* qui, en humiliant l'homme, jusqu'au point de l'égaliser aux bêtes, s'est fait des par-

tisans, aussi insensés que cet ouvrage; des
sectateurs, qui se font gloire d'être plus
frappés de l'image de la raison et de l'intelligence, ou des sentimens d'une belle
nature, dans les bêtes, que des traces de
lumière et de liberté qui luisent dans l'ame
des hommes. Ce livre honteux, brûlé dans
les tribunaux les plus sages, traduit dans
les langues étrangères, y a porté son poison grossier, et l'auteur se félicite encore
de trouver dans ses voyages des disciples
adulateurs, qui l'affermissent dans sa séduction.

5°. Enfin, où ne se trouve pas introduit
le système de la *dernière classe*, qui étale
tant d'idées nouvelles sur les règles prétendues de ce qui peut constituer la vraie
certitude? Ses auteurs ne veulent admettre
rien de certain, dans les choses sur-tout
où l'homme n'est guidé que par la révélation de la parole divine, tandis que la
foiblesse de ces génies leur fait adopter
plus volontiers les systèmes les moins appuyés dans les profondeurs de la métaphy-

sique, les théories les plus ridicules dans la physique, ou les plus foibles conjectures contre les plus frappantes vérités de l'histoire.

Quel ravage tant d'ouvriers d'iniquité, tant de sectes, puissamment emparées des esprits dans la catholicité, ne doivent-ils pas y avoir fait! Chacun de ses auteurs y a formé son école, qui se repaît continuellement, et avec zèle, de ces nourritures empoisonnées. Répandus dans le sein de l'église, et au dehors dans les communions séparées, par la multitude et le renouellement continuel de leurs productions, leur effet enchanteur est de prendre toujours l'homme par son foible, et de flatter diversement ses passions, son orgueil et sa corruption. Il n'y a point d'absurdités dans lesquelles on ne tombe, plus ou moins, par cette adoption imprudente des opinions humaines. La considération seule de ce qu'elles se renversent mutuellement, et se contredisent l'une l'autre, devroit rappeller au principe d'égarement. Quelle

H 4

distance il y a de cette confusion variable
d'idées, à la majestueuse et constante
simplicité des dogmes de la vraie révélation depuis la fondation de l'église, ou
plutôt depuis l'origine du monde ! Autant
que ces derniers dogmes sont sûrs, autant
la morale qui en est la conséquence est
proportionnée aux besoins de l'homme,
et capable de faire le bonheur de l'univers.
Mais l'Europe chrétienne reconnoîtra-
t-elle le jour qui lui est encore donné pour
rouvrir les yeux à cette lumière ! Ne sem-
ble-t-elle pas réduite à une presqu'impos-
sibilité humaine de secouer le joug de ces
nouveautés, et d'arrêter leur torrent ?
Dieu le sait ! L'adoption au moins actuelle
qu'elle fait de cette multitude de faux systêmes, évidemment inconciliable avec la
prédication de l'évangile : qu'est-ce autre
chose que le premier caractère de la défection de la foi, dont on s'occupe en ce
mémoire ? Nous croyons en avoir sensiblement établi la conviction. Passons au
second caractère.

*II*ᵉ. D E G R É.

Opposition décidée à la nécessité et à l'exis-
tence de toute révélation divine dans
l'opinion dominante.

La variété de tant d'opinions qu'on pré-
fère à la foi , annonce les ténèbres pro-
fondes d'esprits encore chancelans dans
leurs erreurs : mais ce n'étoit pas là le
dernier terme auquel devoit parvenir
l'excès de la séduction. Un concert plus
surprenant devoit enfin eutraîner toutes
ces opinions jusques dans une attaque
commune contre la révélation ; concert
qui, en rejettant son existence, conteste
jusqu'à ses fondemens même , son besoin
et sa nécessité.

Le principe de ce concert, c'est que, puisque le devoir de la religion et des mœurs
concerne également tous les hommes, il est
de la justice, de la bonté , et de la sagesse
essentielle de Dieu , que les loix de ce

devoir soient également révélées et manifestées à tous; actuellement connues de tous, claires, et à la portée de tous les esprits. Selon ce concert, prétendu philosophique, les loix qui n'auroient pas ce caractère, ne pourroient être réglée de conduite commune, et les devoirs pratiques ne doivent être aussi estimés qu'en proportion de ces lumières communes, et de la force même des passions. Or, l'orgueil humain ne voit nulle part ces caractères établis d'une révélation commune et générale, et il conclut de ce raisonnement de les rejetter toutes, et ne pas reconnoître même le besoin d'aucune. Telle est la philosophie qui a pénétré aujourd'hui de toutes parts.

C'étoit à cette prétention superbe qu'avoit échoué dans sa sagesse le génie le plus élevé du siècle le plus illustre, au rapport de Cicéron. Ce fut l'unique but où put parvenir tout l'effort de sa foible raison. Livrée à elle-même, au milieu de la plus grande lumière de la philosophie

payenne. *Non placet* : ce sont les expressions du célèbre Cotta , *paucis à Diis im-
mortalibus esse consultum ; sequitur ergò ut
nemini consultum sit. Cotta apud Ciceronem
de nat Deorum , lib.* 3 *, cap.* 27.

    « Il ne paroît pas raisonnable à l'homme,
» *non placet* , que par une révélation di-
» vine il n'ait été pourvu au bien que d'un
» petit nombre d'hommes : elle n'a donc
» été donnée à personne ». C'est l'abrégé
de ce discours d'une raison égarée , qui a
perdu la trace de son origine , et désespère
de la retrouver. Ou Dieu a pourvu tous
les hommes du secours d'une révélation
commune, ou il n'en a pourvu qu'un petit
nombre privilégié , ou personne d'eux.

    Or , il est évident que le premier cas
n'est point, et le second cas répugne, *non
placet.* Donc il reste que Dieu n'a pourvu
personne de cette révélation. Tous les
hommes sont pourvus par une providence
égale à tous, ou elle les a tous abandonnés.
L'exception d'un choix gratuit d'hommes

à qui Dieu ait manifesté ses volontées , révolteroit la raison , *non placet.*

Conclusion absurde et blasphématoire. Raisonnons plus justes. Dans le moral , comme dans le physique , n'est-il pas évident qu'il y a des peuples qui sont gratuitement plus favorisés de Dieu que les autres ? Le fait est incontestable. Il est donc digne de Dieu , devons-nous dire , et ses pensées sont plus élevées que celles des hommes. Mais , de plus , si le genre humain se voit dans un état de foiblesse et de corruption, n'est-il pas évident qu'il a pu seul s'y précipiter de lui-même ? la disposition de la providence est sans doute souvérainement libre pour le retirer de cet état. Dieu, maître d'abandonner tous les hommes dans sa justice, pourvoit à ce qu'il veut de cette multitude , selon le fond de sa bonté et de sa sagesse. Et l'homme ne trouve que ténèbres et besoins, ignorance et corruption, dans le fond de son néant , auquel la justice de Dieu n'est point obligée de pourvoir.

Pourquoi donc répugneroit-il que Dieu n'ait secouru qu'un petit nombre, *paucis esse consultum?* L'homme y cherche en vain son excuse. *Si adjutorium Dei desit*, dit St. Augustin, *non ideo excusabile hominis vitium, quoniam judicia Dei quam vis occulta tamen justa sunt.* Quest. 50. in Deuter. C'est un point qu'il est intéressant de voir dans ce père établi avec soin, et développé d'une manière particulière dans sa lettre 194, *ad sixtum* N°. 22, 25 et 29.

Point décisif cependant à la philosophie d'aujourd'hui. On ne peut trop en relever l'importance, la parole d'un payen, est ce qu'on entend répéter tous les jours : ou Dieu a pourvu suffisamment au besoin de tous les hommes ; et ce que Dieu a donné à tout homme de pouvoir et de lumière, quoique si foible et si obscur, est tout ce qu'il a jugé lui suffire pour les devoirs qu'il lui impose ; ou Dieu n'auroit pas pourvu l'homme suffisamment, et dès lors l'homme seroit innocent sous ses ténèbres et sa foiblesse, ou Dieu

seroit injuste. *Non placet*, ou les ressources
dont l'homme est pourvu pour faire le
bien lui suffisent, et elles sont la regle
de proportion des devoirs de son esprit
et de son cœur; ou Dieu n'a pas rendu
ces ressources communes à tous les hommes, et dès-lors elles laissent tous ceux
qui en manquent déchargés de la mesure
de leurs obligations, et de tout engagement
de la pratique des devoirs qui en résultent
pour ceux qui en sont révélés. Ce sont
d'autres erreurs, qui dans d'autres siecles
ont pu former d'autres défections dans la
foi ; elles se perdoient dans des raisonne-
mens humains sur la profondeur des
mystères : leurs vices palpables, ou les
décision de l'église, les ont pu dissiper à
mesure que les passions sont tombées.
Mais ce qui fait actuellement abandonner la voie de la révélation même, c'est
parce qu'on juge qu'aucune n'ait été
suffisamment manifestée à tous les hommes. C'est ici la révolte précise et directe
de l'esprit humain contre la conduite de

Dieu sur le monde ; révolte fondée sur ce qu'il lui a plu de ne pas rendre à *tous* la parole de salut qu'ils ont abandonnée. On veut savoir le *pourquoi* de cette conduite ou la condamner,

Une attention réfléchie sur ce que l'histoire a recueilli des lumières de la raison depuis l'origine du monde, sur les *causes premières*, conclut plus prudemment, (en reconnoissant avec Moyse « un seul et » unique principe ifiniment sage, etc.), » de n'entreprendre jamais d'expliquer le « *comment* et *pourquoi* des œuvres de » Dieu. » On trouve la raison de ces notions historiques, très-bien exposée dans un ouvrage récent. (*Le Batteux sur les causes premières*, 1769, *pag.* 22, 23.)

Socrate même, le plus sage des philosophes, pensa mieux sur ce point que Cotta, quoique ce fut en hésitant, et peut-être par ses rapports avec les lumières de la sûre tradition du peuple Juif. Il conçut qu'il y avoit *peut-être* sur terre, comme il le jugeoit désirable, quelque trait de

lumière qu'il faudroit suivre ; une trace
propre à retirer l'homme des ténèbres de
cette vie , qui seroit donnée à quelques-
uns par privilége , et qu'il s'agiroit d'atteindre. Il l'estimoit donc possible.

Ou cette découverte , selon lui , pouvoit être le fruit du travail et des recher-
ches ; ou il falloit y suppléer, en préfé-
rant toujours le choix des routes les plus
sûres ; ou il y avoit peut-être quelque part
sur terre un secours plus efficace et moins
sujet aux périls dans la révélation d'une
parole divine. C'est Platon, qui dans son
traité de *l'Ame* , rapporte cette pensée de
Socrate : *hoc verò unum est è laborandum ,
ut aut discamus quemadmodùm hæc se ha-
beant ; aut , si hoc fieri nequeat , optimam
ac tutissimam humanarum rationum eligere ,
quâ tanquam rate , vecti , procellas hujus vitæ
per transeamus ; nisi liceat fortè istas vitæ
procellas firmiore quodam vehiculo , vel
divino quodam verbo, tutius ac minore cum
periculo transmeare.*

Mais arrêtons-nous ici. Il s'agit moins
d'y

d'y relever l'importance d'une erreur qui est très‑palpable, que d'en établir le fait et l'existence, le concert de ses auteurs, l'étendue de ses effets et de ses progrès. Il n'y a pas un seul des auteurs, que nous avons considérés comme chefs de cinq classes principales d'erreur, chez qui ne se trouve le faux principe dont il s'agit ici, *que* telle révélation que Dieu n'auroit pas manifestée à tous les hommes, ne peut être véritable. Il suffit pour s'en convaincre de recueillir les textes des auteurs ; ils sont connus de toute personne un peu occupée d'une matière si importante.

On y voit que les conséquences morales les plus pernicieuses y sont aussi hardiement déduites, que l'abandon direct de la révélation sur lequel elles sont fondées, y est expressément déclaré. Les uns, comme *le Bélisaire*, s'efforcent d'établir, de la manière la plus séduisante, le portrait flatteur, mais chimérique, d'une vertu parfaite, réalisée dans l'état d'une religion purement naturelle. Un autre veut-il dé‑

finir ce qui constitue en ce monde le propre
de la perfection morale, il ne peut s'élever
plus haut , que de lui donner l'intérêt
propre pour motif. Mais, que de milliers
d'autres brochures prostituent en même
tems le cœur de l'homme à toûte corruption , fondées sur les mêmes principes !
Tous, proportionnant leurs ouvrages à la
fausse idée qu'ils se sont faites de ses forces
et de ses devoirs, on a vu aller, jusqu'à
offrir au lecteur l'annonce criminelle de la
méthode la plus judicieuse de jouir, sans
se nuire, des plaisirs de tous ses sens.

Du concours de tant d'ouvrages em-
pestés, tant de spéculation, que de pratique, on laisse à conclure quelle doit être
l'étendue de ses expressions pernicieuses,
lorsqu'ils se répandent dans le monde par
tant de canaux à la fois. La base en est le
principe unique que nous avons cités ; il
est saisi par-tout avec avidité, et comme
on a quelquefois observé , la rapidité de
sa séduction épidémique ne peut être
mieux comparée qu'aux effets subtils et

presque simultanés du coup électrique dans les expériences physiques.

Aussi, que voit-on dans la pratique, qu'indifférence des hommes pour la religion qu'ils professent, et qu'abandon de l'honnêteté publique? Ces effets sont naturellement renfermés dans leurs causes : mais, quelle est la partie du monde qui s'en défende ? Toutes les communions, celles même qui sont séparées de l'église, dont la profession d'une révélation divine de la religion chrétienne étoit fixée et déterminée autrefois, se plaignent du poison répandu parmi elles d'une prétendue religion naturelle, qui se reduit à n'en avoir aucune, ainsi que de la chûte des mœurs. Mais, dans nos contrées catholiques qui nous occupent, quelle idée aura-t-on de la foi qui y reste, si l'on en juge par le peu qui reste de la pratique la plus commune de la religion révélée, par le cours des ouvrages, par le ton des conversations, par l'intolérance même qui se communique contre les fidèles sectateurs de l'u-

nique révélation véritable? Tous les vices
de la gentilité, dont parle l'apôtre, ne sont-
ils pas retombés sur nous? La corruption
de son tems étoit dans le monde à l'ouverture de la prédication de l'évangile ;
en proportion avec l'opposition générale
que les faux philosophes avoient répandue
contre les fondemens de toute révélation,
et avec leur confiance, dans les lumières
seules, et les seules forces de la nature. Il
en est de même aujourd'hui jusques parmi
les nations, qu'on estimoit autrefois les
plus éclairées et les plus sages. Où est désormais le lien anciennement respecté des
sociétés, la fidélité des mariages, l'union
des parens, la sage économie des chefs
de familles ? Quel est le genre des plaisirs?
Quelle est la mesure des dépenses, celle
du luxe et des désordres ? Où se trouve
l'amour du bien public, la subordination
des peuples, la sûreté même des autorités
souveraines? Qu'est devenue la foi des
engagemens, la vérité et la sincérité parmi
les hommes ? Les principes et la pratique

de l'éducation honnête et pure semblent perdus; l'enseignement philosophique est devenu lui-même arbitraire et chancelant, etc.

Tant de vices, ne peut-on pas le dire avec vérité, nous rapprochent plus de l'état dépravé d'où nos pères sortirent heureusement par le flambeau de l'évangile, qu'ils n'invitent à prendre confiance dans la foible lueur de celui de la raison, qu'on vante tant en ce siècle.

SECONDE CAUSE.

De la défection de la foi. Altération dans l'enseignement ecclésiastique.

Dans la nécessité de se représenter les maux tels qu'ils sont, et toute leur étendue, le ministère de l'église ne sait point se dissimuler, qu'outre le ravage des opinions philosophiques, il y a eu jusqu'ici une autre décadence à observer, qui est d'une aussi grande importance. Elle consiste en ce que ces mêmes principes n'ont point été rejettés par plusieurs, ni étrangers dans le sein de l'église même. Ils ont des rapports sensibles d'origine, des correspondances d'intérêts, des liens connus et des intelligences secrettes avec des nouveautés dans la théologie, qui les égalent en danger et les surpassent en scandales : l'union de ces principes ne peut être trop observée, quand on veut en porter le remède jusqu'à la source ; car cette union ou cet étrange rapport ne peut manquer de rendre leurs progrès rapides, leurs attaques plus redoutables, et leur résistance commune, plus difficile à surmonter.

Pour traiter cette partie comme la précédente, on sent qu'en une matière si rebattue, et qu'on a droit de supposer pleinement connue du lecteur, il ne faut ici qu'en rappeller une idée sommaire, méthodique et sensible.

La doctrine de l'église, sur le plan de l'œuvre de Dieu en ce monde, est si liée, que, quelque soit le point de l'enchaî-

nement de cette doctrine qu'on abandonne,
on court un risque égal de s'engager sur le
total dans un corps de dogmes tout opposé.
Sur quel point s'y est donc introduite
d'abord l'altération dont il s'agit? C'est la
première question qui se présente. Quelle
vérité a-t-on attaquée d'abord, et dans
quels intérêts, différens de ceux de l'église,
s'est-on engagé ?

Dogmes.

Ce premier intérêt, étranger à la doctrine de l'église, paroît être le même que
celui que nous venons d'observer dans la
fausse philosophie : l'époque en remonte
à deux siècles. Plusieurs, au milieu des
controverses, ne peuvent supporter ni
l'aveu simple et sincère que l'église fait du
besoin des secours divins, ni la gratuité
du discernement, plein de miséricorde et
de justice, qui, selon la tradition de la foi,
les départit aux hommes et opère le salut
des élus. Nos philosophes seulement

I 4

montrent avant tout plus de répugnance
à la gratuité des dons de Dieu, *non pla-*
cet paucis esse consultum, et en conséquence à toute efficace de secours, qui
conduit par son opération puissante au
salut. Ceux-là au contraire conçurent
plus de répugnance d'abord à la motion
et à l'action décisive de Dieu sur le libre
arbitre ; ensuite, et en conséquence, à la
gratuite distribution des dons de Dieu,
selon son bon plaisir et sa souveraine
liberté.

Un zèle trop dépourvu de lumière sur
ces dogmes, et peut être fondé d'abord
sur des intentions encore droites, porta
quelqu'uns des ministres de l'église à se
parer d'une présomption pour le bien, et
d'une confiance dans les forces humaines,
l'une et l'autre sans bornes.

Ce préjugé osa se présenter au concile
même de Trente, encore assemblé. Le
concile étoit au moment de dresser ses
anathêmes contre les erreurs qui nioient
la conservation de la liberté sous l'opé-

ration de la main de Dieu dans les cœurs,
et sous sa motion divine du libre arbitre
même. On lui proposa de changer son expression catholique, *liberum arbitrium* (1)
motum en une autre, qui n'annonçât que
l'ame, mise en état de se décider elle-
même, *mentem motam :* ce fut le premier
signal de la nouveauté. Un zèle, si peu
digne de prêter ses lumières au concile,
fut vivement réprimé par le cri de la foi
dans cette sainte assemblée; *foras Pelagiani,*
dirent les pères, comme on le voit au dépôt de ses actes (2).

---

(1) Frid. Sess. 6, de justific. Can. IV.

(2) Le père François Gonzalès, dominicain,
prieur de Notre-Dame d'Atocha, à Madrid, rap-
porta aux députés de l'archevêque de Malines, et
de l'université de Louvain, en cette cour : « qu'il
» avoit lu lui-même *dans les actes du concile de*
» *Trente*, qui se conservent au Château-Saint-Ange,
» que, lorsqu'on y traitoit du quatrième canon de la
» sixième session, qui prononça anathême contre

» ceux qui disoient, que le libre arbitre de l'homme
» étant mu, et excité de Dieu, ne sauroit, s'il veut
» refuser son consentement. Le père Laïnez, gé-
» néral de la société, et le père Salmeron, jésuite,
» voyant que ce canon leur ôtoit la liberté de dire,
» que la prémotion et la grâce efficace, comme les
» Thomistes la soutiennent, détruit la liberté du
» franc arbitre, entreprirent de le faire changer, et
» qu'ils osèrent bien demander à la congrégation,
» qu'au lieu de ces mots *liberum hominis arbitrium*,
» *LE LIBRE ARBITRE de l'homme*, on mit l'esprit
» humain, *mentem humanam*, et que l'on ôtât le
« verbe *dissentire*, résister. Mais les pères du con-
» cile ayant entendu ce que ces jésuires proposoient,
» crièrent, *disent ces actes*, à haute voix : *que ces*
» *Pelagiens sortent d'ici; hors d'ici Pélage* » !

Ces pères s'étant retirés en effet, la congrégation
délibéra de les obliger à révoquer ce qu'ils avoient
proposé. On les rappella, et ils furent contraints
d'abjurer, en pleine congrégation, ce qu'ils avoient
proposé pour réforme du canon du concile. *Mémoires*
du père Gerberon sur l'année 1649. Lemos, qui

Mais le préjugé ne fut pas guéri ; il s'affermit au contraire , et il se fortifia dans la voie qu'il s'étoit ouverte , jusqu'à ce qu'il s'y engageât plus avant.

Ces foibles théologiens ne purent se soumettre au dogme de la motion divine du libre arbitre de l'homme; parce qu'ils ne pouvoient concilier cette motion avec la conservation de la liberté. Ils ne reconnurent pas plus le penchant formé du libre arbitre au mal en cette vie, quoique décidé par le concile, *inclinatum*, *attennatum*, que la motion de Dieu pour le rétablir : *liberum arbitrium motum*. Ils firent donc de leurs erreurs un systême , lié en toutes ses parties.

La liberté nécessaire pour mériter et démériter , étoit un dogme reconnu dans

avoit vu aussi , par la permission de Paul V , les actes du concile de Trente , rapporte le même fait. Voyez *Lemos, dans sa Panoplie , tom. 1 , trait. VI , cap. 1; et l'histoire de Auxiliis du père Serry , liv. 1, chap. 1.*

l'église : ils en placèrent le caractère et la notion essentielle dans une prétendue égalité de forces. Ils prétendirent trouver dans le rétablissement d'un tel *équilibre*, opéré par la lumière seule, répandue dans l'ame, (toujours *mentem motam*), la solution de toutes les difficultés de cette matière ; celle 1°. de l'influence de la motion divine sur le libre arbitre ; 2°. l'explication des difficultés que trouve la raison humaine dans la proportion des devoirs de la nature tombée en cette vie, avec les forces qui lui restent ; et 3°. la solution du nœud de la prédestination gratuite, et de la distribution aussi gratuite des secours divins qui s'en suivent. *Toutes* difficultés, dont ils ne pouvoient découvrir autrement les principes et l'explication dans les lumières d'une raison obscurcie.

Le libre arbitre de cette vie, ainsi confondu avec un *équilibre* de forces, donné à *tous* les hommes, rentroit précisément dans le système de secours, donnés également par la nature à *tous* les hommes,

et proportionnés à leurs devoirs. C'est delà
que nous avons vu réunir toutes les opinions desphilosophes d'aujourd'hui. Cette
méprise grossière, qu'on peut dire proscrite
dans toutes les écoles qui jouissent actuellement de quelqu'aveu dans l'église, est restée
proprement adhérente à ces seuls théologiens (1); ils s'y sont si constamment
attachés que, forcés de passer de systèmes
en systèmes, rien ne les a pu détacher de
cette prétention.

Tout penchant, réputé *relativement* plus
fort dans la volonté, soit celui de la concupiscence ou celui de la grâce, leur a
paru, et à leurs sectateurs, depuis deux
cents ans jusqu'ici, être ou *une excuse dans
le péché*, si c'est le penchant *relativement*
plus fort de la concupiscence qui entraîne
dans le mal, ou *un obstacle au mérite*, si
c'est la délectation *relativement* victorieuse
de la grâce qui décide à la bonne œuvre.

(1) Ceci est écrit en 1770 ; la Société des jésuites subsistoit , et ne fut éteinte qu'en 1774.

Il falloit cependant conserver au moins les termes et l'apparence de la gratuité et de l'efficace , ou toute puissance de la grâce , dont les dogmes sont professés trop publiquement dans l'église. Ils se sont couverts sur le premier point sous la profession d'une *gratuité de dons* ; mais générale, et *aussi commune que la nature* : et, contre l'autorité établie de la toute puissante motion de la grâce , ils se sont également couverts sous la profession de secours divins , qu'ils ont prétendus suffisans , quoique *versatiles ,* et laissés à l'usage et à la décision propre de l'homme.

Ce système nouveau fonda sur ces dogmes la prétention d'une *généralité de secours,* accordée à tous les hommes , et une entière *suffisance de ses secours* pour parvenir au salut. Mais cette suffisance apparente de secours n'étoit au fonds, et proprement, qu'une possibilité générale et indéfinie du salut.

Il fut facile de repousser les partisans d'un poste si foible aux yeux de l'église;

car de tous tems elle a reconnu le pouvoir de Dieu et le besoin du côté de l'homme de secours plus puissans que ceux-là, de secours qui ont une liaison certaine avec leur fin, et d'une motion divine qui agit comme *de cause à effet.*

Plusieurs crurent pouvoir se réfugier alors sous le manteau du *congruisme*; mais c'étoit encore de mauvaise foi. Ce systéme théologique explique la toute puissance de la grâce par une disposition divine de voies diverses, publiques et cachées; mais *extrinsèques* à la volonté, par laquelle, de circonstances en circonstances, Dieu conduit l'homme sûrement jusqu'à la pleine détermination au bien. L'école qui soutient librement ce systéme dans l'église catholique (1) y reconnoît un succès tout puissant dans la conduite de cette opération divine, qui produit réellement le bien comme *de cause à effet*; l'efficace

––––––––––––––––––––

(1) *Les Franciscains.*

en un mot et la gratuité des secours
divins : au lieu que ceux dont il s'agit
se reservèrent de n'y reconnoître d'autres
succès que celui que Dieu voit, que
l'homme s'y procure, et où il se détermine
lui-même. Ce fut, quoi qu'on pense de ce
système, sous son voile, que la nouveauté
évita d'admettre ni gratuité ni efficacité
réelles dans les secours divins. C'est en
joignant mille fuites et mille équivoques
à l'usage de ce système, que l'auteur du
livre de *la concorde*, etc. prétendit avoir
trouvé le secret de concilier toutes les
difficultés de cette matière : *et hæc nostra*
ratio conciliandi libertatem cùm divinâ præ-
destinatione, ANEMINE QUEM VIDERIM
HUC USQUE TRADITA.

Quel motif de confiance en Dieu peuvent
donner les secours ainsi imaginés d'un
congruisme au fonds purement versatile ?
Quel fruit annoncent-ils des mérites de
l'incarnation et de la mort de Jesus-
Christ ? Ne se réduisent-ils pas plutôt à
établir toute la confiance dans l'homme.

De

De tous les dogmes de l'église, dans la matière dont il s'agit, ce fut la *prédestination gratuite* des élus, si révoltante aux yeux des philosophes, qui parut toujours à ces théologiens le plus dur et le plus inabordable. Pour l'expliquer, ils imaginèrent en Dieu une connoissance des *futurs conditionels*, qui ramenoit ce mystère à leur intelligence et au reste de leur systéme. Cette connoissance étoit supposée en Dieu, acquise par une *science moyenne* entre celle de simple intelligence et celle de vision ; et *Dieu n'y voyoit que dans la détermination future des volontés*, le choix qu'il feroit de ses élus, et tout le cours de leur justification.

Le fonds de ces systêmes, prétendus théologiques, qui veut des secours aussi communs que la nature, et des grâces générales aussi suffisantes, ne pouvoit d'autre part se concilier avec un point décisif et essentiel de la doctrine de l'église, celui du *péché originel*, et de l'état malheureux des enfans qui meurent dans sa con-

Tome III. K

damnation, sans avoir reçu la grâce du baptême. Aussi leurs auteurs, toujours conséquens dans leur systême, n'ont pas manqué de dénaturer toute l'idée que la foi nous donne du péché originel et de ses suites.

1°. Ils ont supposé que, dans le mal du péché originel, Dieu ne considère pour le punir que les suites dans un *futur contingent*; c'est-à-dire, les péchés que ces enfans eussent commis, s'ils eussent survécu à la réception du sacrement de baptême, et non un péché réel et précédent; *ini cui que proprium*, Trid.

2°. Pour la punition du péché originel, ils ont imaginé qu'elle ne consisteroit qu'à être retenu dans les limbes, où la privation de Dieu réduiroit ceux qui y seroient à un bonheur naturel, proportionné à l'état des créatures qui auroient vécu sans la connoissance de Dieu, et sans révélation.

Enfin, après tant de pas faits dans des routes égarées, il falloit encore expliquer le sort de tant de peuples ou payens ou sauvages, qui ne paroissent que trop évidemment abandonnés par la justice des jugemens de Dieu, les plus sévères dans leur état naturel. On a prétendu encore leur salut possible hors de l'église, au titre seul de la bonne - foi ; ce système, le plus pernicieux de tous, et comme subsidiaire au défaut de tous les autres, a commencé par la simple prétention de la *possibilité de l'état de pure nature*, possibilité d'un plan, où une nature aussi corrompue que la nôtre seroit cependant supposée sortie en cet état des mains du créateur, reputée conplette en sa fin, et destinée à y demeurer toujours *sans péché* et *sans grâce*, *SINE GRATIA ET SINE CULPA*, aussi ténébreuse dans ses connoissances, aussi viciée dans ses penchans, et aussi frappée qu'elle l'est des caractères de la plus grande infortune.

Or, que de vérités révélées, dirions-nous, (si c'étoit ici le lieu) ; n'a-t-il pas fallu abandonner pour s'engager dans la supposition de la *possibilité d'un tel état !* Que d'erreurs notoires à adopter !

Tel est le dernier terme des maux : à

ce point la fausse théologie s'identifia
pleinement avec le philosophisme ;
car, de cette prétendue possibilité de
l'état de pure nature, on a bientôt passé à
la prétention de plusieurs exemples de sa
réelle et actuelle existence ; d'exemples
subsistans plus ou moins heureusement
dans les mœurs si vantées de la Chine et
du Paraguai, comme plus anciennement
dans les mœurs des Egyptiens, des Grecs
et des Romains, et jusques dans l'état des
Tribus errantes et des hordes de Tartares,
d'Arabes et de Sauvages. On a adopté que
tous ces états sont sauvés par la bonne-foi,
ou par le secours de prétendues grâces
générales et suffisantes. Il est aisé de voir
qu'on confondoit ces grâces prétendues
avec la nature même, livrée à ses seules
forces, avec la nature suposée exister en
même-tems sans péché et sans la grâce de
J. C. Mais, quel intérêt important entraîna
dans l'adoption de tant et de si étranges
nouveautés? Maîtres et disciples, chacun
y a trouvé son motif. 1°. Ce ne fut pas

sans doute précisément et d'abord dans les *maîtres*, celui de soutenir que l'homme ait pu sortir des mains de Dieu, tel qu'il est en cette vie, avec la concupiscence, une honteuse ignorance, et sujet aux souffrances et à la mort. Il est clair que leur intérêt de système fut bien plutôt de sauver obstinément la base de leur premier principe, d'un équilibre de forces données à tous, pour éviter d'avouer la toute puissante et gratuite efficace de la vraie grâce de Jesus – Christ, et plus peut - etre encore, pour établir dans leur morale une *proportion des devoirs* de chacun des hommes avec la foiblesse de la volonté, pour la rendre comptable de leur accomplissement. 2°. Du côté des *fidèles*, qui se sont laissé séduire par de pareils maîtres, c'est sans doute ce dernier terme qui a servi de motif de leur séduction ; il est si naturel à la corruption du cœur de ne connoître de devoirs que ceux qu n'attaquent pas les passions jusques dan leur source !

Morale.

Delà toute la morale s'est trouvée corrompue par une suite de systêmes ; elle
est devenue nécessairement commune
entre ces prétendus théologiens et philosophes. Ceux-ci élèvent-ils les forces de
l'homme, jusqu'à la pratique d'une vertu,
que Dieu même admire, lorsque l'homme
peut commettre le mal, et qu'il choisit de
ne le pas faire ? Rabaissent-ils dans ce
plan l'idée de la vertu, jusqu'à la trouver
dans les cœurs, que l'homme ne rapporte
qu'à lui-même, et qu'il concilie avec la
jouissance de toutes ses passions ? Ces
théologiens font de même, ils ne donnent
pas de la vertu une autre idée. Leurs casuistes peuvent être, avec un juste fondement, beaucoup *mieux* comparés aux mora-
listes les plus corrompus d'aujourd'hui,
(tels que les auteurs des livres de l'*Esprit*, des
Mœurs, et tant d'autres), *qu'à* la sagesse
apparente d'autres partisans de la religion

naturelle, qui les surpassent ; tels que les livres de *Bélisaire* et de l'*Éducation.* Ces théologiens sont plus liés dans leurs systêmes humains, et plus extrêmes dans leurs conséquences profanes, que ne le sont les philosophes mêmes. Dans cette école, les maîtres de la morale , et ceux de la théologie spéculative, ont toujours formé une sorte de confédération, comme on le leur a reproché : ces maîtres ont concouru , chacun de leur côté, à établir des principes , parfaitement analogues et assortis entre eux. Les docteurs de la morale ont-ils proposé un modèle de vertu de leur invention, proportionné aux forces depuis le péché , et tel, selon eux , qu'il puisse obliger pour parvenir à la vie éternelle : les maîtres de la théologie spéculative ont enseigné en même-tems que tous les hommes ont les degrés de forces nécessaires pour remplir les devoirs, dont l'accomplissement doit les conduire à la vie éternelle. Ces principes s'accordent parfaitement, et sont faits l'un pour l'autre. Il

étoit facile en effet aux uns et aux autres
d'observer, *que* leurs prétendus secours
suffisans laissoient dans la pratique l'homm-
me, aussi dépourvu qu'il l'est par sa naissance, des forces qu'il lui faudroit contre
l'ascendant de ses passions : *que* cette
prétention ne fut donc que le produit ap-
parent d'un système d'invention, imaginé
pour le besoin de circonstance, et *que*,
dans la vérité, de tels secours ne four-
nissoient rien à l'homme de plus que ce
qu'il a, sans Jésus-Christ, de purs dons
naturels, si foibles et si altérés. Mais l'engagement de système exigeoit de les prétendre *suffisans* ; dès-lors il fallut affoiblir
les devoirs auxquels ces secours devoient
suffire.

Dans ce plan, on a nécessairement mé-
connu la corruption de la concupiscence ;
la maladie, la santé, le médecin, et l'amour
pur et sincère de la justice, qui change
seul le cœur ; car cet amour n'est pas nécessaire dans l'ordre naturel ; sans cet
amour que donne, dans un autre ordre

surnaturel, la grâce seule de Jésus-Christ, il y a des *actions indifférentes*, et bonnes même; donc cette grâce n'est pas toujours nécessaire. Les actions de l'ordre naturel ne renferment pas une si sublime perfection que les saints pères l'ont enseigné, et l'homme peut se flatter d'avoir toujours présente la grâce nécessaire pour les faire. Delà ces scandaleuses distinctions de *péchés théologiques et péchés philosophiques ;* ces excuses, puisées dans l'ignorance prétendue du *droit naturel*, ou dans l'*inadvertance même actuelle à la malice du péché* , ou dans le torrent de l'opinion , et les décisions les plus relâchées d'un *probabilisme* de tous les degrés ; enfin une vraie réalisation de *l'état de pure nature*, au milieu des chrétiens, et une religion déchue et purement naturelle, enseignée avec une liberté sansbornes par les casuistes du siècle passé. Que pouvoit opérer la réunion de tant de causes , sinon une grande défection dans l'église, et au point où nous la voyons se précipiter aujourd'hui ! .

Pour peu qu'on réfléchisse, on conçoit qu'à de tels progrès l'*état de la société civile* est aussi intéressé que celui de l'église, et qu'il ne s'y agit point de spéculations purement scholastiques ou indifférentes.

On conçoit ; 1°. qu'en fait de dogmes, les états catholiques sont autant intéressés à s'y opposer, qu'ils le sont à conserver l'essence de la religion catholique : *Ere cathalicâ est*, représentoit le célèbre *Lemos* lors des congrégations *de auxiliis*. L'intérêt des états, et la conservation de la paix, qu'on possédoit auparavant ; *erat planè unius labii.* « L'église n'avoit qu'une doc-
» trine, lorsque des hommes nouveaux,
» *pancorum dierum homines*, sont venus
» élever de toutes parts tant de nouvelles
» tours de Babel. Si on n'y remédie, disoit
» alors ce grand homme », il viendra un tems où le mal seroit sans remède. 2°. N'étoit-ce pas aussi ce que les *curés de Paris* représentoient aux chefs de la société civile, cinquante ans plus tard, par rapport à la *morale*, lorsque de leur tems ils

la voyoient déjà , au grand scandale des peuples , et au grand danger des états , se corrompre et se précipiter dans les pernicieux principes qui s'introduisoient dans l'enseignement ? « C'est à ceux , disoient-
» ils, (*écrit des curés de Paris , du 7 mai*
» *1658*), qui ont le plus d'intérêt , et pour
» eux-mêmes, et pour le public, à étouffer
» ces malheureuses opinions , avant
» qu'elles ayent pris racine dans l'esprit
» des hommes : pour nous, nous en dé-
» chargeons nos consciences, et les plain-
» tes que nous en faisons serviront de té-
» moignage à la postérité, *que* nous
» n'avons rien oublié de ce qui étoit en
» notre pouvoir pour arréter ces dé-
» sordres ».

Malgré ces réclamations , ce que les philosophes , (comme nous l'avons observé), ont conquis de partisans téméraires ou de sectateurs séduits dans le monde ; ces théologiens se le sont procuré au milieu de l'église même. L'inondation

de leurs *sommes* , ou théologiques ou morales, à gagné de toutes parts; et que de ra-
cines amères n'a-t-elle pas étendu delà
en tant d'*institutions theologiques* diverses,
plus ou moins accréditées , qui leur ont
succédé , fondées dans les mêmes principes
et dictées par le même esprit ! Quel terrein
n'ont pas embrassé et n'embrassent pas
encore aujourd'hui des institutions de ce
genre, telles que celles qu'on appelle de
Poitiers, celle du trop célèbre *Tournely* et
de ses abréviateurs , du docteur *Montagne*
et du sieur *Collet*, qui comptoit déjà il y a
dix ans la vingt-septième réimpression de
son ouvrage ! Ces auteurs ne font autre
chose que subtiliser ces premiers poisons,
et se battre comme en retraite en couvrant
les mêmes principes sous la dissimulation,
à mesure que l'ancienne tradition les embarrasse, et qu'ils craignent les foudres des
anciennes décisions de l'église. On voit
par-tout cette troupe de théologiens traiter,
comme au premier moment, d'erreur ab-

solue, tout enseignement qui professe la doctrine de la *délectation, rélativement victorieuse.* Tournely, leur apôtre, pour soutenir la doctrine de l'équilibre des forces, prétend que celle-là est la propre hérésie du tems, et précisément la plus importante à combattre. Rempli des préjugés, foudroyés dans Julien, du systéme des actions irrépréhensibles et parfaites, et cependant stériles pour la vie éternelle; par-tout il combat pour ses préjugés, et soutient que les actes humains n'ont nul besoin pour leur bonté morale, ni de la grâce de Jesus-Christ, ni du rapport de leur dernière fin à Dieu. Enfin, on voit jusqu'aux apologistes de la religion, les plus distingués d'aujourd'hui, mais entraînés par des guides si accrédités, croire en pouvoir prendre la défense, sans adopter ni la foi de l'église sur le *péché originel* et ses suites, ni sa tradition si publique et inconstestable, qu'il *n'y a point de salut hors de son sein.* » *Dieu ne condamne pas,* dit l'un d'eux, (qui presse cependant sur d'autres points et très-solidement ses

» adversaires (1), les faux philosophes),
» *Dieu ne condamne pas les ames à l'enfer*
» *pour le seul péché oaiginel ; il les prive*
» *seulement de la béatitude surnaturelle,* qu'il
» ne leur doit pas. *Il n'est ici question que*
» *de la révocation d'un privilége purement*
» *gratuit* ». Ce passage renferme deux
erreurs, qui sont (on ne peut se le dissimuler), contraires à la foi catholique.
1°. Le concile de Trente décide expressément que le péché originel est propre à
chacun des hommes, et qu'il leur fait en-
courir *la colère et l'indignation de Dieu, la*
mort et la captivité du démon. Il prononce
anathéme sur ceux qui tiennent le contraire.
Que ce péché prive seulement de la béatitude surnaturelle, c'est ce que cinq des plus
illustres évêques de France, entre lesquels
étoit M. Bossuet, évêque de Meaux, dé-

---

(1) M. l'abbé Bergier, actuellement chanoine de l'église
de Paris. On assure que ses nouvelles éditions françaises
d'Italie, comme sa traduction Italienne de Turin, ne
sont plus si dépendantes de ces anciens guides, et se
détachent de ces principes.

noncèrent au Pape Innocent XII, par une lettre commune, comme contraire à la foi. *Hæc fides, hæc definitio,* disent-ils avec les conciles de Lyon et de Florence ; *ILLORUM animas qui in actuali mortali peccato, vel cum solo originali decedunt, mox in infernum descendere pœnis tamen disparibus puniendas.* 2°. Ces prélats déclarent avec Bellarmin, que la doctrine dont il s'agit, soutenue par Catharin, *non modo falsam sed hæreticam esse. Fide catholicâ tenendum,* disent-ils, *parvulos sine Baptismo decedentes, absolutè esse damnatos, non solùm de cælesti, sed etiam naturali beatitudine Carituros; qui nempè sunt aversi habitualiter à Deo, degunt que et semper degent, in carcere, inferno.* Ce n'est donc pas de la révocation seule d'un privilége purement gratuit qu'il est question ; c'est de l'état d'ames engagées dans la haine de Dieu, *aversi habitualiter à Deo, Naturâ filii eræ,* disent les cinq Prélats, *exosi et invisi, cum cœteris damnatis ad infernum de truduntur.*

Il n'est pas moins de la foi de l'Église,

que personne ne se peut sauver de cette condamnation générale qu'en Jesus-Christ, et dans le sein de la communion catholique. C'est un article trop connu des fidèles pour s'y arrêter." Il faut regarder, " disent cent évêques de France, (dans un corps de doctrine, commun entr'eux), « comme une vérité fondamentale de " toute la doctrine chrétienne, que, " depuis la chûte d'Adam, nous ne pouvons " être justifiés et obtenir le salut que par " la foi en Jesus-Christ, rédempteur, et " qu'il n'y a de salut qu'en lui (1) ".

A juger des effets que doivent naturellement produire ces nouvelles opinions sur les fidèles même, par le crédit et l'ascendant qu'elles se sont acquises jusques parmi ceux-même à qui la défense de l'église contre l'infidélité, se trouve trop souvent confiée de nos jours; que ne peut-on pas concevoir de l'étendue de leur impression! Aussi voit-on le commun de ces fidèles se familiariser par la communica-

---

(1) Corps de doctrine du clergé de France, 1720.

tion

tion de cet enseignement, avec les idées d'une religion purement naturelle, avec une foi foible et superficielle, qui, ne leur présentant que des devoirs égaux aux forces de la nature tombée, les laisse se flatter de plaire à Dieu dans cet ordre même, et de vivre en même-tems *sans faute et sans grâce.* Que l'objet de chûte et de scandale pour tant de foibles, qui, plus par sentimens que par systêmes, consentent bien volontiers de s'y renfermer! La justice humaine, qui punit les crimes qui se commettent contre la société, est fondée sur des principes bien supérieurs à ces faux systèmes, dans tout les états policés qui y ont le plus grand intérêt. Mais que le cœur de l'homme au contraire adopte bien facilement les maximes les plus corrompues, sur-tout quand il ne s'agit que de la conduite particulière et de l'intérieur des vices de l'âme.

Ne perdons point de vue que tant d'é-garemens ont pour fondement la répugnance à avouer la *gratuité* des dons de Dieu et leur *efficacité* contre le penchant du péché ; mais que leur cause, en ces théologiens, comme dans nos philosophes, c'est la tendance naturelle de la nature tombée. Cicéron, payen, contestoit ainsi grossièrement la première de ces vérités en propres termes : *Virtutem nemo unquam (de nat Deor lib. 3), acceptam à Deo retulit, nimirum rectè ; propter virtutem enim jure laudamur et in virtute ritè gloriamur : quod non contingeret, si id donum à Deo, non à nobis, haberemus... Num quid quis quod bonus vir esset, gratias diis egit unquam ?*

C'est à ce paganisme qu'on retourne aujourd'hui. Julien d'Eclane, si célèbre adversaire de Saint Augustin, prétendoit de même que la seconde de ces vérités, l'éfficace d'une cause précédente, ôteroit à la vertu son mérite, et au crime tous ses torts. *Et peccati et voluntatis claruit,* (dit-t-il dans St. Augustin, livre 5. *Operis imperfecti, pag.* 1279). *Ejus modi esse conditionem ; ut, si*

causis præcedentibus deputentur, ET JUS
PERDAT ET CRIMEN.

*Importance du danger qui résulte de l'union
des deux causes de la décadence de la Religion et des Mœurs ; de quel côté est l'antériorité entre ces deux causes ?*

Nous avons exposé jusqu'ici la suite des
principes des égaremens théologiques ,
leur liaison et leur importance. Que n'a pas
fait la nouveauté pour vaincre en leur faveur jusqu'à l'indéfectible résistance de
l'église! On savoit qu'elle n'est pas une école
humaine, où pour établir le règne d'une
opinion , il suffise d'en appuyer chaude-
ment la controverse ; et que la tradition de
son enseignement ne s'estime pas par des
fluctuations de systèmes théologiques ;
mais par le poids de ses décisions précises
et canoniques. Il n'y a donc point d'éfforts
que l'on n'ait fait pour s'étayer au moins
de l'apparence de cette autorité! Parcou-

rons sommairement les moyens qu'on a
employés. Il en résultera une considération
importante sur la manière la plus judicieuse
de remédier au concours de tant de maux;
car on y verra sensiblement quelle est leurs
vraie source, en voyant qu'elle a été la
première des deux causes de la décadence
générale, *ou* de la progression des opinions
philosophiques, *ou* de l'introduction des
altérations dans l'enseignement théologique. Dans ce cahos d'égaremens, dequel
côté est l'antériorité du vice; dequel côté
fut la cause, et dequel côté l'effet? C'est
ce que les faits doivent découvrir.

Est-ce la raison humaine, toujours en
travail en cette vie, qui a entraîné l'enseignement ecclésiastique, ou au contraire?
Si dans cette recherche on considère la
tendance générale et perpétuelle des
choses, il n'est pas douteux que la lumière de la foi, luisant en ce monde au
milieu des ténèbres; celles-ci ont l'antériorité d'effort contraire. Elles y forment

et formeront toujours un combat où ces
ténèbres, qui depuis le premier péché
sont le propre fonds du genre humain, ne
cessent d'être la vraie cause de l'altération
dans l'enseignement des vérités révélées.
L'orgueil actif de la raison humaine ar-
mera continuellement la fausse philosophie
contre la doctrine évangélique, dont tous
les dogmes la contredisent et l'humilient.
Mais outre cette action continuelle et générale des ténèbres contre la lumière, ces
deux causes, l'opinion humaine et l'enseignement exact, ont une action et une
réaction particulière, dont l'état varie
sans cesse, l'une contre l'autre ; cette
variation vient de l'activité plus ou moins
grande de leur effort réciproque, ou de
leur langueur et de leur rémission.

Delà vient, ou une décadence publique
que Dieu permet pour l'épreuve des
fidèles, ou une sainte ferveur qu'il
procure dans d'heureux siècles pour
le bien des élus. Or, on ne peut à cet égard

disconvenir que, depuis deux siécles, ce
ne soit du côté de l'enseignement dans
l'église qu'est venue la confusion, le trouble
et la plus vive contradiction; et qu'ainsi c'est
de ce côté qu'est venue la cause que nous
cherchons d'une défection, telle que celle
d'aujourd'hui. Il suffit de jetter un coup-
d'œil général et sommaire sur l'activité de
la conduite des partisans des nouveautés
théologiques contre la défense de la
tradition ancienne , pour s'en convaincre,

Reprenons les faits au moment du concile de Trente, cette époque donnera toujours la base de ce mémoire. L'église, en
cette dernière assemblée générale, avoit
suffisamment pourvu à tous les dogmes
contestés. On voit qu'elle laissa la plus
grande lumière répandue sur les vérités
de la foi, appuyée de la plus grande autorité possible ; mais à peine ce saint concile fut-il terminé en 1563, que les ténèbres
de la raison renouvellèrent leurs préten-

tions, et de degrés en degrés s'efforcèrent
de reprendre leur ressort.

D'abord les nouveautés théologiques,
dont nous avons rapporté l'enchaînement,
et dont les succès furent ensuite d'une si
grande importance, s'introduisirent parmi
plusieurs des ministres même de l'église,
qui faisoient montre de défendre sa cause
contre la prétendue réforme, avec le plus
grand zele; mais sans assez de lumière,
comme nous l'avons dit, sans assez d'étude
et de connoissance de sa tradition ancienne.
Le savant *cardinal Baronius* en fit la re-
marque; il discerna la cause de cette méprise dès son premier pas, il fit observer
que dès lors plusieurs, sous le pretexte du
zéle contre les adversaires de l'église, s'é-
cartoient des principes de St. Augustin,
consacrés par les décisions les plus in-
contestables dans les matières de la grâce
et de la morale.

Les nouveautés eurent ensuite des partisans plus coupables. Ceux-ci formèrent

un système lié de doctrine, et ils faisoient l'aveu qu'il étoit jusques-là demeuré inconnu dans l'église; nous l'avons rapporté : *Hæc nostra ratio conciliandi..... A nemine quam viderim huc husque tradita.* Leur livre de la *concorde* de la grâce et du libre arbitre fut depuis sa publication leur signal de réunion. Ils y montrèrent autant d'attache aux prétentions orgueilleuses du cœur de l'homme, que peu de disposition à déférer aux décisions anciennes de l'église, et de respect pour le saint docteur, qu'elle 'a toujours donné pour son organe. Le saint-siége alors s'arma de vigilance. Les papes Clément VIII et Paul V discutèrent à fonds ces auteurs, et les convainquirent d'entreprises et de nouveautés. L'examen en fut terminé le 31 aoust 1607.

Mais au lieu de *jugement*, des circonstances étrangères, politiques, entraînent ce dernier pape dans une injonction de silence, pernicieux au fonds, et les défenseurs d'un corps de doctrine, et de

conciliations , si inconnues jusques-là,
en abusèrent.

A peine échappés à une condamnation
solemnelle, ils prétendirent que leursys-
tême fut, par la seule loi du silence qui .
fut alors imposée , déchargé de toute
note d'erreur: qu'il devoit balancer l'ancienne tradition , et qu'il devoit désormais
marcher d'un pas égal avec la doctrine
même , que le saint-siége appuyoit en
toute occasion de son suffrage perpétuel
et immuable.

Dans des circonstances si graves , le
saint-siége ne se laissa engager, ni par la
chaleur des sollicitations , ni par l'arti-
fice des surprises, à accorder aucun énoncé
nouveau, précis de doctrine , nulle teneur
d'enseignement , dont on pût faire usage
contre le sacré dépot : mais plusieurs fois
les papes jugèrent devoir éviter de plus
grands maux, en accordant à des hommes
hardis et puissament accrédités, la conti-
nuation d'un plan de censures, qu'ils

trouvoient introduit et pratiqué depuis
long-tems ; les nouveaux décrets provi-
soires de pure condamnation qu'ils demandoient. On les présuma d'autant moins
dangereux, que ces papes les laissoient
dans une indétermination, que le saint-
siége avoit seul le droit d'expliquer.

Tels sont les terribles efforts que les
ténèbres ont fait contre la lumière. A ce
point, la nouvelle théologie s'est flattée
d'avoir obtenu son but essentiel ; elle
s'est prétendue en état de vaincre toute
opposition; l'apparence de la victoire lui
suffit pour réalité. Elle a renversé
toutes les barrières , et les réclamations
même du saint-siége, qui la désavouèrent
plusieurs fois. Ce fléau a entraîné
toutes sortes d'erreurs contre les dogmes
essentiels de la foi, contre l'interprétation
catholique des Saintes – Écritures ,
contre les règles pures de l'administration des sacremens, contre les prin-

cipes les plus essentiels des mœurs même civiles ; enfin contre la *forme* même des *paroles* , auparavant les plus respectées.

Qu'est-ce autre chose que la communication naturelle de proche en proche de tant de nouveautés , leur crédit , leur ascendant , qui a dès-lors donné entrée à une fausse philosophie , dont les intérêts étoient communs? Celle-ci dans la paix de l'église , quand tout y est, *unius labii* , n'a garde d'oser y insinuer ses poisons , et d'y vanter ses lumières. Mais, dès-lors , deux causes collatérales ont prétendu à la même liberté sur un fonds d'opinion tout pareil : cette fausse théologie , fuyant la lumière de la tradition , rejettoit le joug des décisions anciennes, pour donner cours à ses systèmes : ces philosophes ne voulant de même que les lumières de la raison , ont rejetté le joug de toute révélation. Ces maux sont liés par un rapport mutuel; mais *la cause première en est* évidemment *venue du côté de l'enseignement théologique.* Le pur enseignement a trop perdu de son autorité et de sa lumière : les ténèbres ont prévalu. Deux siècles de combats ont ébranlé la première fidélité de la réclamation , peu appuyée d'un grand nombre, et le cours naturel des choses a enfin amené le siècle pervers où nous sommes , de décadence et de défection.

BREF

DE

CLEMENT XIV,

Du 9 Mars 1774.

Et depêches du Cardinal de BERNIS à M.
le duc d'Aiguillon, du 16 Mars 1774,
sur l'extinction des Jésuites.

Occasion de ces Dépêches.

LES jésuites, voulant se rétablir en France, après
la bulle d'extinction de leur société, s'adressèrent à
Md. Louise, et proposèrent un moyen de se réta-

blir, en qualité de *frères de la Croix.* Les lettres
patentes étoient toutes dressées ; il n'y avoit plus
qu'à les signer. Md. Louise présenta le mémoire
au roi, qui le fit examiner dans son conseil. M.
d'Aiguillon, (qui avoit déterminé en France leur
destruction, commencée par M. de Choiseuil),
s'opposa fortement à ce rétablissement, sous quelque
dénomination que ce.fût : le roi, fatigué d'avoir
entendu les raisons pour et contre, se leva, et le
conseil se dispersa, avant d'avoir pris aucune résolution sur un objet aussi important. M. l'archevêque de Lyon rendit visite à M. d'Aiguillon, comme
il arrivoit du conseil, encore tout ému ; le prélat
en ayant su la cause, lui inspira de donner ordre
à M. de Bernis, ambassadeur à Rome, de solliciter
du pape un bref, dans lequel il exposeroit les
motifs, qui l'avoiént déterminé à détruire la société.
Le St.-père se refusa à cette demande, se plaignant
que les autres souverains avoient fait enregistrer
son bref, avec beaucoup de solemnité, et qu'on
n'avoit pas daigné le faire en France ; qu'il ne vouloit pas s'exposer à de plus grands désagrémens.
Le cardinal engagea sa sainteté à lui adresser au moins

un bref, dont il se serviroit en France, pour empêcher ce rétablissement. Clement X I V lui adressa le bref suivant. Le cardinal l'envoya en France, accompagné d'une lettre qui suit.

LITTERA

CLEMENTIS PAPÆ XIV,

AD EMIN. CARD. DE BERNIS.

DILECTE fili noster, salutem et apostolicam
benedictionem.

OPTIMÈ cognita tibi sunt, maximæ gravissimæ
que rationes quibus inducti fuimus, ut ordinem
societatis Jesu, per apostolicas in formâ Brevis
litteras die XXI. Julii proximè proeteriti datas abo-
leremus. Nimirum hunc in modum pacem et con-
cordiam in eclesiâ revocare et constituere volebamus:
quod assiduis carissimorum in christo filiorum, ac
præsertim christianis mi regis postulationibus à nobis
fuerat, ut praclare nosti, diu multum que flagita-
tùm.

tùm. Itaque hæc ad te scribimus, dilecte fili noster, non tam ut nostram in illo judicio, tantâ concilii ac temporis maturitate à nobis suscepto, constantiam, (minimè enim est necesse) confirmemus , quam ut tuam egregiam operam nobis adjungamus, quò illud idem judicium nostrum magis in dies stabile, ratum ac firmum prastemus , quœ à te cupimus , per libenti animo facturum te omninò confidimus. Cum que et S. R. E. cardinalis et archiepiscopi personam, et regis apud nos administri summâ cum laude sustineas , plurimùm apud te valituram vidimus et hujus sanctæ sediŝ autoritatem et episcopalis muneris gravitatem et regis ipsius voluntatem. Nobis igitur pergratum facies, unà que has, tot nominibus impositas , tibi partes ritè perages , si dabis operam ut et carissimo in christo filio nostro Ludovico regi christianissimo , luculenter declares quam fixa et constans sit nostra in concilio semel inito sententia; et venerabilibus etiam fratribus episcopis , collegis in galliâ tuis , quæ mens nostra fuerit in iis omnibus per apostolicum breve decernendis palam facias, ac præsertim significes quant operè optemus ut quæ nos pro ecclesiæ utilitate sanximus, at que executi

Tome III.   M

sumus, iisdem omnes accuratè summâ que nobis
cum consentione inhæreant at que insistant.
Pro inde nostro etiam nomine ab illis contendes,
ne quid in suis Diœcesibus fieri et constitui sinant,
quod non omninò sit nostris literis consentaneum.
Neque nos quidem cum hæc scribimus de eorum vel
sapientiâ, vel in hanc sanctam sedem observantiâ
quid piam dubitamus aut ullo modo diffidimus æquos
spontè nobis, ac obsequentes futuros esse, quos
antea Regi in simili causâ morigeros fuisse non
ignoramus; sed in eam hæc partem accipi volumus
ut à rebus quas seduli diligenter que servari cupimus, omnem quibus cumque interpretationibus et
quæ afferri videntur posse, causis locum adimamus.
Quæ ut causæ facilius etiam præcidi valeant,
majorem in modum hortamur, venerabiles fratres,
ut alios, quos habent in Diœcesi sua sacerdotes
tam regulari quam sœculari clero sibi adjutores in
curanda animarum salute, et vineâ Domini excolen-
dâ, operarios assiscant; ita enim ipsâ apostolici
ministerii exercitatione paula im ad spiritualem
militiam, aptiores que illi omnes accedent, et suas
episcopis copias pro gregis curâ et custodiâ abundè

post modùm suppeditare poterunt. Hæc omnia cum pro tuâ singulari prudentiâ ac rerum usu, Dilecte fili noster, optimè intelligas minimè dubitamus, quin eam teneas inagendo viam quæ voluntati huic nostræ accomodatior esse possit. Illud certissimè tuâ ejus modi opéra, diligentiâ, consilio consequeris, ut præclarum hoc ad cœtera adjunxeris tui erga regem ipsum obsequii testimonium et nostrum de tuâ virtute ac nobiscum judicium mirificè comprobaberis. Ad id uberius Pontificæ caritatis pignus, apostolicam benedictionem tibi, Dilecte fili noster per amanter impertimur. Datum Romæ apud sanctam Mariam Majorem sub annullo Piscatoris, Die IX martii M. D. C. C. L. X. X. I V. Pontificatus nostri anno quinto.

M 2

CLEMENT XIV,

A M. LE CARDINAL DE BERNIS.

A NOTRE TRÈS-CHER FILS, salut et bénédiction apostolique.

Vous connoissez à fond les raisons de la plus grande importance, qui nous ont engagé à abolir, par nos lettres apostoliques, en forme de bref, datées du 21 juillet de l'année dernière, l'ordre de la compagnie de Jésus. Vous savez que nous nous sommes proposés de rétablir et d'assurer solidement par ce moyen la paix et la concorde de l'eglise, et que c'etoit-là l'objet des vives instances que ne cessoient de nous faire depuis long-tems, nos très-chers fils en Jésus-Christ, et sur-tout le roi très-chrétien. C'est dans ces mêmes vues que nous vous adressons le présent bref, notre très-cher fils, non pas tant pour confirmer l'idée que l'on doit avoir du long et profond examen, qui a pré-

cédé et produit notre jugement; (ce soin nous
paroît inutile), que pour que vous unissiez votre
louable sollicitude à la notre, afin d'établir, de
plus en plus, que ce même jugement a toute la
force et la solidité qu'il a été en notre pouvoir de
lui donner ; nous aimons à nous persuader que
vous entrerez avec empressement dans nos vues, et
que vous trouverez dans la dignité de cardinal de
la S. E. R. dont vous êtes revêtu , dans le caractère d'archevêque, dont vous êtes honoré, et dans
la qualité de ministre du roi , dont vous remplis-
sez avec tant de succès les fonctions auprès de nous,
les plus puissans motifs de soutenir l'autorité du S.-
siège, de faire valoir le pouvoir de l'épiscopat, et
de vous conformer aux intentions de S. M. très-
chrétienne, elle même. Vous vous conduirez donc
de la manière qui nous sera la plus agréable, et
vous remplirez les obligations qui vous sont impo-
sées à tant de titres, en assurant de notre part notre
très-cher fils en Jésus-Chirst, Louis, roi très-chrétien,
qu'on ne peut être plus ferme et plus constant que
nous le sommes dans la décision que nous avons
portée, et en faisant toujours plus connoître à nos

M 3

vénérables frères, vos collègues, les évêques de France, quelle a été notre intention sur la parfaite et entière exécution de tous les points contenus dans notre bref d'abolition. Nous vous recommandons spécialement de ne pas leur laisser ignorer que nous desirons vivement qu'ils adhèrent, sans reserve, au parti que nous avons pris pour le bien de l'église, et qu'ils en soient les plus fermes défenseurs. En conséquence, vous leurs déclarerez, en notre nom, qu'ils doivent veiller à ce qu'il ne soit rien fait, ni établi dans leurs diocèses respectifs, qui ne soit entièrement conforme à nos lettres appostoliques. En vous écrivant ainsi, ce n'est pas que nous ayons le moindre doute de leur sagesse, ni de leur entière déférence pour le S.-siège, ou que nous puissions nous défier, en aucune manière, qu'ayant obéi fidellement aux ordres du roi, dans une semblable occasion, il ne nous soient aussi justement et volontairement soumis. Mais nous avons voulu prévenir toute interprétation qui pourroit avoir lieu, et retarder ou empêcher l'effet de nos lettres apostoliques que nous desirons être exécutées avec la plus grande exactitude. Et pour ôter plus efficacement tout prétexte possible de retardement ou d'inexécution, nous exhortons, autant qu'il est en nous, nos vénérables frères, d'appeler et d'employer au salut des âmes et à la culture de la vigne du seigneur, d'autres prêtres, tant réguliers que séculiers de leurs diocèses. L'exercice du ministère apostolique les formera dans la milice spirituelle; ils s'y rendront de jour en jour plus utiles, et dans la suite ils fourniront des secours puissans et abondans à leurs évêques pour le soin et la garde de leurs troupeaux. Etant persuadés, notre très-cher fils, par la connoissance que nous avons de votre prudence singulière, et de votre expérience dans ce qui intéresse l'église, que vous comprenez toute l'importance de ce que nous vous enjoignons, vous ne sauriez douter que les démarches, que nous exigeons de vous, ne soient entièrement conformes à notre volonté. En employant ainsi tous vos soins et vos conseils à faire exécuter nos ordres, entre autres avantages que vous en retirerez, vous donnerez à sa majesté très-chrétienne une nouvelle preuve de votre respect et de votre zèle pour ses volontés, et vous ferez connoître l'opinion que nous avons de votre vertu

M 4

et les sentimens qui nous lient intimément à vous. Et pour vous témoigner plus particulièrement toute l'étendue de notre amour paternel, nous vous donnons, de tout notre cœur, notre très-cher fils, notre bénédiction apostolique.

Donné à Rome, à Sainte-Marie-Majeure, le 9 mars de l'année M. D. C. C. LXXIV, la cinquième de notre pontificat.

DÉPÊCHE

DU CARDINAL DE BERNIS,

A M. LE DUC D'AIGUILLON,

Ministre d'État.

A Rome, ce 16 Mars 1774.

J'AI l'honneur, monsieur le duc, de vous envoyer ci-jointes la copie et la traduction du bref, que le pape a jugé à propos de m'adresser. Ce bref prouve également sa prudence et la confiance dont il m'honore. Sa sainteté me fait, en qualité de ministre, l'interprète de ses sentimens auprès du roi et de son conseil, et dans ma qualité de cardinal et d'archevêque, il veut que je fasse connoître ses intentions au clergé de France.

Je dois, en exécutant les ordres du souverain pontife, faire connoître à sa majesté, quels ont été les sentimens et les motifs du pape, en supprimant l'ordre des jésuites, et de quelle manière le bref, qui annéanti cette société, doit être interprêté et exécuté. Dans cette seconde partie entrera nécessairement l'explication de la façon de penser du St.-père, par rapport aux jésuites de Silésie; je me bornerai, quand à présent, à développer au roi, et à son conseil, les motifs et les intentions du pape, et je n'entrerai en éclaircissement avec aucun évêque du royaume sur cette matière si délicate, que dans le cas seulement où sa majesté jugeroit à propos que je remplisse à cet égard la commission du S.-père.

Tout le monde sait à quelle occasion les jésuites furent chassés de Portugal, d'Espagne, des deux Siciles et de Parme, et personne n'ignore que le roi, par son édit du mois de novembre 1764, se détermina à dissoudre dans son royaume cette société, dont les membres, liés par des vœux, avoient besoin d'être sécularisés par l'autorité pontificale; c'est par ce motif que les tribunaux du royaume avoient décidé qu'ils ne pourroient être employés dans les fonctions ecclésiastiques, qu'après avoir prêté un serment, conforme aux maximes du royaume, à cause de leur dépendance d'un général étranger. C'est dans cet état que la cour d'Espagne, d'accord avec celle de Naples, de Lisbonne et de Parme, pria le roi de s'unir à elle, pour obtenir du pape Clement XIII la suppression entière des jésuites : sa majesté, par amitié pour le roi d'Espagne, promit d'appuyer efficacement de son concours l'instance projettée. Elle n'avoit aucun intérêt à s'y opposer, puisque le général des jésuites avoit refusé durement au roi de nommer un vicaire de son ordre pour la France.

Les jésuites n'existoient plus dans le royaume, que comme des prêtres séculiers ; mais comme le plus grand nombre étoit lié par des vœux solemnels, il convenoit, pour le repos intérieur de l'état, qu'ils fussent sécularisés, sans quoi ils auroient formé entr'eux une espèce de république invisible ; mais toujours régie en secret par un supérieur ultramontain. Le roi promit donc au roi d'Espagne d'appuyer la négociation, dont S. M. catholique étant le premier mobile, devoit être le directeur ; cette négociation s'entama peu de tems après la publication du bref contre la cour de Parme, que le parti jésuitique, eut l'imprudence d'arracher à Clement XIII ; bref aussi indécent que peu réfléchi, et dont tous les souverains avoient également à se plaindre.

L'instance pour l'extinction totale des jésuites fut donc faite au nom des trois monarques de la maison de Bourbon, à Clement XIII, dans les derniers tems de son règne, et renouvellée dans la même forme quelque tems après l'exaltation de Clement XIV.

Personne ne doit savoir mieux que moi l'histoire du dernier conclave : personne n'éclairera de plus près la conduite et les sentimens du pape actuel ; il fut élu d'une voie unanime, malgré les intérêts qui divisoient alors le sacré collége. Je puis donc assurer qu'avant et après son exaltation, Clement XIV pensoit avec saint Charles Boromée, que l'institut pieux de saint Ignace avoit été altéré par l'esprit d'ambition, de politique, d'intérêt, d'intrigue et de despotisme de plusieurs des généraux qui succèdèrent à ce saint fondateur. Saint Charles avoit prédit, (on le voit par les lettres qu'il écrivit

à son confesseur , et qui sont conservées à Milan ,
lorsque Aqua-Viva fut élu général des jésuites) ,
« que cette société, gouvernée par des chefs, plus
» politiques que religieux, deviendroit trop puissante
» pour conserver la modestie, l'obéissance et la
» modération nécessaire ; que son crédit lui feroit
» des amis fanatiques et des ennemis irréconciliables;
» qu'elle voudroit gouverner les rois et les pontifes ,
» régir le temporel et le spirituel , et que cet esprit
» étranger et opposé à la religion , altéreroit l'ins-
» titut pieux de saint Ignace, et qu'une société si
» utile seroit enfin supprimée. »

En effet, moins d'un demi-siècle après son éta-
blissement, elle avoit déjà soulevé contre elle, non-
seulement des hommes respectables parmi le clergé
séculier et régulier, mais des universités entières,
et jusqu'à la cour de Philippe II, roi d'Espagne : ce
monarque avoit obtenu de Sixte V une réforme
essentielle de l'ordre des jésuites ; diverses circonstances, et la mort prématurée de ce pontife, rendirent
ce projet inutile. Plusieurs grands papes, compris
Benoît XIV , pensèrent comme Sixte V ; mais les
nombreux établissemens de ces religieux, l'utilité

dont ils étoient pour les missions, pour l'instruction de la jeunesse, la crainte de leur pouvoir, de grandes intrigues, et la courte durée de plusieurs pontificats, firent avorter tous ses plans de réforme ou de suppression.

Clement XIV, studieux, instruit, et d'un esprit vif et pénétrant, connoissoit donc mieux que personne les inconvéniens et les avantages de la société des jésuites, lorsqu'il fut porté sur la chaire de saint-Pierre, par les vœux unanimes du sacré collège; il avoit feuilleté les archives de la congrégation de la propagande, où sont consignés des monumens qui n'ont pas vu le jour, par des ménagemens de charité, de crainte ou de politique : savant théologien, il avoit examiné les ouvrages répréhensibles, soit en morale soit en théologie, sorti de l'école des jésuites : il n'ignoroit pas l'opiniâtreté avec laquelle ces religieux les avoient toujours défendus, même après des censures canoniques: comme homme d'esprit et comme religieux, il avoit aperçu les ressorts du gouvernement jésuitique ; il savoit sur-tout combien le général Ricci s'étoit rendu maître du saint-siége sous le pontificat précédent ; en un mot , le pape actuel s'étoit mis au fait des intrigues, tant anciennes que modernes des jésuites, du commerce public qu'ils faisoient, au mépris des SS. canons , tantôt comme marchands , tantôt comme banquiers , et quelquefois comme simples facteurs ou prête-noms ; mais sur-tout, il n'ignoroit pas combien il étoit dangereux de leur déplaire , ou même de ne pas leur être dévoués ; car ils n'ont jamais fait de différence entre des amis prudens et des ennemis déclarés. Le pape savoit quel étoit leur ascendant dans presque toutes les cours et dans presque tous les gouvernemens catholiques, et combien ils avoient su gagner et intimider les évêques.

Mais, si Clement XIV n'a jamais eu de doute que la société des jésuites méritât d'être reformée, il a été long-tems bien éloigné de penser qu'il fut sage de la supprimer ; outre les services qu'elle avoit rendu à la religion, en combattant les hérétiques, en s'opposant aux novateurs , en défendant les droits et les prétentions du saint-siège , en portant la foi chez les infidèles , en instruisant la jeunesse et le public par plusieurs ouvrages dignes d'estimes, et

par des prédications éloquentes , le pape considéroit
que , maîtres de presque tous les colléges de la catholicité, d'un grand nombre de séminaires , d'établissemens pieux , et de missions les plus importantes,
ce seroit risquer un ébranlement général , que
d'anéantir une compagnie si employée, si accréditée,
et si puissante : il étoit instruit des sommes prodi-
gieuses que le général de cet ordre avoit fait passer
dans les pays étrangers sous le dernier pontificat;
il se doutoit de leurs intrigues en Prusse et en
Russie : il craignoit l'opposition d'une partie du
clergé , prévenu en faveur de la société; il appré-
hendoit sur-tout de commencer à faire un grand
mal, sans avoir le tems de procurer le bien. Quatre
ans entiers ont été employés à réfléchir, à balancer ,
à comparer, et sur-tout à demander à Dieu de lui
inspirer le parti qu'il avoit à prendre.

Je puis attester à toute la terre, qu'aucune vue
d'intétêt, aucun motif de vengeance , aucun objet
d'ambition, de politique ou de vanité, n'ont influé
dans la résolution du pape. Si les jésuites, au lieu
de montrer la plus grande audace, au lieu de se
présenter toujours l'épée à la main, au lieu de fabri-

quer

quer des libelles séditieux et des estampes insul-
tantes, se fussent humiliés devant les rois d'Espagne
et de Portugal ; s'ils avoient respecté davantage le
saint - siége et les décrets de la congrégation des
rits ; s'ils n'avoient pas continuellement manœuvré
et intrigué , sa sainteté n'auroit jamais pris la
résolution de supprimer cet ordre, quoi qu'elle en
connût les dangers elle l'auroit reformé ; la crainte
de déplaire à de grandes puissances, ne l'auroit
ni ébranlé ni intimidé. Le pape s'est décidé à la
suppression aux pieds des autels, et en la présence
de Dieu. Il a cru que des religieux, proscrits des
états les plus catholiques, violemment soupçonnés
d'être entrés autrefois et récemment dans des trames
criminelles, qui n'avoient en leur faveur que l'extérieur de la régularité, décriés dans leurs maximes,
livrés pour se rendre plus puissans et plus redoutables au commerce, à l'agiotage, à la politique,
ne pouvoient produire que des fruits de dissention
et de discorde ; qu'une réforme ne feroit que pallier
le mal, sans arracher la racine, et qu'il falloit
préférer à tout la paix de l'église universelle et du
saint-siége, le repos et la satisfaction des princes

catholiques, qui en sont les soutiens. En un mot, le pape a prononcé en vicaire de Jesus-Christ, et non en prince, qui consulte autant le monde que l'évangile.

On voit clairement par l'esprit de modération et de charité qui règne dans le bref de suppression, que sa sainteté a respecté l'institut de saint Ignace, et qu'elle n'a pas voulu blâmer les constitutions faites par les successeurs de ce fondateur, et approuvées par plusieurs papes. Ces mêmes constitutions pouvoient en effet être autorisées, si l'esprit qui les avoient dictés, si le régime qui en interprétoit les loix, avoit été aussi pur que celui qui animoit saint Ignace ; (1) l'ordre des jésuites n'a été repréhensible que dans les maximes des généraux et du conseil politique qui en dirigeoit imperceptiblement toutes les démarches ; c'est pourquoi sa sainteté n'a pas voulu que les membres de

_____

(1) Il est à remarquer qu'il ne paroît dans aucune bulle approbative des constitutions des jésuites, que lesdites constitutions ayent été mises sous les yeux des souverains pontifes qui les ayent appuyés , ni qu'elles ayent été soumises à leur examen.

la société éteinte fussent chargés ni responsables
des fautes de leurs chefs. Elle a évité d'inculper
dans son bref la doctrine des jésuites, de peur d'exciter
des disputes, de troubler la paix, et de faire triom-
pher la doctrine des jansénistes, leurs implacables
adversaires ; elle a défendu qu'on disputât sur des
opinions, que l'église a toléré jusqu'à présent ; mais
quand elle a permis que les évêques employassent
avec discernement les ex-jésuites, elle n'a pas entendu
qu'on pût jamais en composer des congrégations ,
ni même les nommer supérieurs d'aucun établisse-
ment pieux , d'aucun séminaire ni corps de mis-
sionnaires ; elle est trop sage et trop éclairée pour
détruire d'une main et édifier de l'autre, pour nourrir
l'esprit de parti , pour préparer une résurrection, qui
mettroit le feu et le trouble par-tout , qui boule-
verseroit de nouveau les arrangemens pris dans
presque toute l'Europe catholique, et qui donneroit
des armes aux jansénistes pour se réunir contre les
ex-jésuites , sous prétexte de défendre les décisions
du chef de l'église.

Le pape a sacrifié les jésuites à la paix ; mais

il n'a pas prétendu les livrer à l'ignominie ni à la persécution, ni au fanatisme

On ne peut espérer de voir de long-tems les ex-jésuites tranquilles; plus ils ont été attachés de bonne-foi à leur ordre, plus ils ont été remplis de l'esprit de leur gouvernement politique, plus ils feront d'efforts pour soutenir leur parti, plus ils feront croire qu'il est impossible qu'on puisse se passer d'eux à la longue, plus ils s'efforceront de répandre qu'un autre pape, moins politique ou moins timide les retablira. La protection intéressée que leur accorde le roi de Prusse et la Russie, (protection qui les déshonore aux yeux des gens de bien), nourrit l'espérance et ranime le courage de leurs partisans.

Ceux - ci osent faire un argument du silence qu'observe le pape, sur la désobéissance schisma-tique des ex-jésuites de Silésie; ils voudroient faire croire que le souverain pontife est en secret parti-sant des jésuites, et qu'il ne seroit pas fâché, après avoir satisfait les souverains de la maison de Bourbon, que la société qui se conservoit en Silésie, et sur les frontières de la Russie, pût renaître nn jour et se

rétablir ; cette supposition est absurde, contradic-
toire, et également opposée à la vérité et au respect
dû au chef de l'église.

Le pape, (on le répéte), a annéanti pour toujours
l'ordre des jésuites par un bref, qui n'a laissé ni
obscurité ni incertitude ; il a privé des pouvoirs
de prêcher, de confesser et d'administrer les sacremens tous ceux qui n'obéiront pas à sa décision.
Quel abus affreux ne font donc pas en Silésie ceux
qui les profanent en les administrant sans pouvoirs
et contre la décision du vicaire de Jésus-Christ ?
Comment prétendroit-on excuser cette révolte, ou
se réjouir de la naissance d'un nouveau schisme ?

Sa sainteté a fait connoître ses sentimens sur la
désobéissance des ex-jésuites de Silésie, par des
instructions précises, envoyées par son vicaire
apostolique de Breslaw, dont j'ai fait parvenir la
copie. Elle espère que les anciens religieux ouvri-
ront les yeux à la lumière; qui seront honteux de
leur fanatisme ; que leur partisans finiront par rougir
eux-mêmes, ou qu'ils seront reduits à partager avec
les ex-jésuites rébelles la honte et le mépris qu'ils
méritent.

N 3

Sa sainteté n'a pas voulu aigrir le roi de Prusse ni la Czarine, en prononçant contre des rébelles que ces princes ont l'air de protéger; elle a craint de faire retomber sur les catholiques de leurs états la mauvaise humeur de ces souverains, et faire persécuter les innocens en se déclarant avec force contre les coupables; elle espère que le roi de Prusse se lassera de protéger les ex-jésuites, quand il cessera d'en tirer des avantages. Dailleurs, un nouveau décret n'auroit pas plus de force que le premier; il pourroit compromettre l'autorité pontificale sans aucun fruit. Sa sainteté a prononcé irrévocablement l'abolition de l'ordre des jésuites; elle déclare de nouveau sa volonté dans le bref qu'elle m'a fait l'honneur de m'adresser; elle desire qu'on les traite avec charité, mais qu'on ne les emploie au saint ministère qu'avec précaution, avec discernement, et conformément aux dispositions du bref de suppréssion et de la lettre encyclique qu'elle a adressée aux évêques de l'état écclésiastique. Cette lettre enjoint aux prélats de rendre compte au pape et à la congrégation de chaque ex-jésuite qui se présentera pour être employé dans les fonctions écclésiastiques, afin d'éloigner du ministère les fanatiques et tous ceux qui seroient livrés à l'esprit de parti. L'intention du pape est donc que les évêques qui emploieront les ex-jésuites, soit à l'enseignement de la théologie, soit aux fonctions de l'église, en répondent au gouvernement; cette précaution est juste, autant que nécessaire.

Telles ont été, M. le duc, les sentimens du pape avant son élection, avant la publication du bref d'abolition de la société des jésuites, et depuis la publication du même bref.

Les découvertes qui ont été faites dans les papiers des jésuites, l'incendie de ceux du collége Germanique, leur correspondance avec le roi de Prusse, les preuves que l'on a, que depuis la suppression, quelques-uns d'entr'eux ont adressé des lettres schismatiques à des princes et à des prélats respectables, telles que la lettre à l'électeur de Mayence, écrite de la main d'un ex-jésuite Français, une infinité de libelles, dont on a découvert parmi eux les auteurs et les distributeurs, l'état considérable de caisses d'or et d'argent que leur général a fait sortir en differens tems de l'état ecclésiastique, tout ne démontre que trop combien le régime des jésuites avoit dégénéré, et combien leurs généraux s'étoient livrés à l'intrigue, à l'esprit de domination et à la vengeance. Le pape ne seroit que trop justifié d'avoir supprimé leur ordre, s'il faisoit publier les pièces du procès ; mais son amour pour la douceur et la paix l'en ont empêché jusqu'ici.

Le résultat de cette exposition fidèle, des sentimens, des motifs, des décisions, et de la constante volonté du souverain pontife, est donc, qu'il a cru devant Dieu que la suppression de l'ordre des jésuites étoit nécessaire ; qu'il en sent plus que jamais la justice, depuis la désobéissance schismatique de ceux de Silésie, et le fanatisme, qui cherche à la justifier ; qu'il ne permetra jamais qu'on donne aucune atteinte au bref de suppression, que sans exclure formellement les ex-jésuites qui ont du mérite de l'instruction de la jeunesse, de l'administration des sacremens et de l'exercice des missions ; il entend qu'on ne puisse jamais les réunir en corps de congrégation ni de communauté, que ceux du quatrième vœu, à qui le bref permet de vivre en commun, doivent obéir à un supérieur étranger et être privés dans ce cas d'exercer les fonctions du saint ministère, et que cette réunion passagère ne doit plus subsister après leur mort, le pape n'ayant voulu qu'assurer une retraite décente aux vieillards et aux infirmes, et établir la paix, en éloignant des places ceux qui sont livrés à l'esprit de parti.

En un mot, Clement XIV a cru la société des jésuites incompatible avec le repos de l'église et des états catholiques. C'est l'esprit de gouvernement de cette compagnie qui étoit dangéreux; c'est donc cet esprit qu'il importe de ne pas renouveller, et c'est à quoi le pape exhorte le roi et le clergé de de France d'être sérieusement attentifs. Sa sainteté, qui opère avec réflexion et avec lenteur, saisira l'occasion favorable pour punir et flétrir, comme ils le méritent, les ex-jésuites de Silésie et de Russie: il a déja fait à ce sujet des insinuations à leurs majestés impériales. Il faudroit être de mauvaise foi pour supposer que le pape est insensible à une désobéissance, aussi criminelle qu'indécente ; mais le roi de Prusse en impose à des cours plus puissantes que celle de Rome ; ce prince affecte de bien traiter les catholiques dans ses états ; il ne seroit pas prudent au pape, comme on l'a déjà observé, de l'irriter. Quand les ex-jésuites lui seront inutiles, il s'en défera; en attendant, le pape n'oubliera rien pour ramener cette portion de révoltés, qui donne au monde catholique un spectacle vraiement scandaleux.

Telle est monsieur le duc, la vraie façon de penser du S.-Père: il m'a fait beaucoup d'honneur de me choisir pour l'interprète de ses sentimens auprès du roi et du clergé de France; je me suis acquitté dans cette dépêche de ce dont j'étois chargé pour le roi et son conseil. Je ne crois pas que nos évêques ayent besoin d'aucune explication sur l'objet des jésuites; au surplus, je serai toujours prêt à leur faire part des sentimens du souverain pontife quand sa majesté le croira nécessaire; dans tout ce que je viens de dire, j'ai parlé d'après le pape lui-même, et je n'ai rapporté que ce que je lui ai entendu dire et répéter depuis cinq ans.

Reçevez, monsieur le duc, l'hommage du fidèle attachement avec lequel je fais profession de vous honorer.

PROJET

DE BULLE

POUR EXPOSITION DE DOCTRINE DE LA FOI,

PAR CLEMENT XIV,

1771.

Dieu tout-puissant, qui nous a imposé la redoutable charge de paître son troupeau, a voulu que, dans cette charge, notre sollicitude principale fut d'éclaircir les esprits par la lumière de la foi et de les enflammer du feu divin de la charité ; de communiquer, autant qu'il est en nous, la haute estime de Jésus-Christ, notre seigneur, et que nous nous appliquions à faire connoître aux enfans des hommes la grandeur de son règne.

Car la vie éternelle consiste à connoître le seul Dieu véritable, et J.C. qu'il a envoyé, la science de tout hómme chrétien consiste à le connoître, la grâce de sa résurection, et la part que nous avons à ses souffrances, pour connoître le mystère de Dieu le père, et de J. C. son fils; qu'ainsi nous puissions savoir en qui nous devons mettre notre confiance principale, et quelle demande nous devons offrir à Dieu, par des supplications et des prières, accompagnées d'actions de grâce ; par quelle médiation nous devons avoir recours à lui, comme source de toute justice; comment enfin nous devons lui rendre un culte véritable, en esprit et en vérité, comme source et fin dernière de tous les biens.

C'est pour cela que, depuis que nous avons été élevé par la providence au plus haut dégré de la chaire sacerdotale, ayant vu de cette élévation des dissentions, dont l'église de J. C. est agitée, nous avons résolu de présenter distinctement aux yeux des fidèles la céleste lumière de la plus pure doctrine, qui entraîne les esprits et les réunisse, pour pouvoir annoncer la paix par la prédication de J. C. qui est la vérité et notre paix. Au milieu de si grandes tempêtes, nous avons eu recours à des prières continuelles au Dieu de paix, pour qu'après tant d'agitations il retablisse le calme, et qu'après tant de larmes il retablisse la joie. Enfin, pour que la louange et la gloire soient données à J. C.

Pour conserver la loi de l'évangile dans son intégrité, et par - là rétablir la paix de l'église, nous avons cru que nous ferions un très-grand bien, si, selon la déclaration que nous en a faite le concile de Trente, nous exposions clairement et exactement quelques-uns de ses décrets, ce que le siége apostolique ordonne de croire et condamner sur toutes les questions qui se sont élevées depuis le tems de ce S. concile sur la doctrine de la grâce, le libre arbitre, les vertus théologales, la préparation aux sacremens de baptême et de pénitence, sur la lecture de l'écriture-sainte ; et tout ce qui a été agité à cet égard ; déclarant ce qu'il y a dans la doctrine de supérieur à toute censure, ce qu'il y a de saint et d'assuré dans la morale, et ce que les docteurs, les plus autorisés de l'église, ont clairement et constamment enseigné, puisque leur autorité doit subsister dans tous les tems, afin que tous ceux qui feront profession de notre exposition de doctrine : *la paix* , suivant l'expresion de l'apôtre : *la paix soit sur eux et sur-tout l'Israel de Dieu.* Gal. VI, 16.

A cet effet nous avons entrepris cette œuvre importante, comme inspirée par le seigneur, et mettant notre confiance dans son secours céleste, en y mettant toute l'application que demande la grandeur de la chose. Nous avons consulté d'abord, dans tous l'univers catholique, les hommes les plus distingués par la lumière et la piété; nous en avons consulté avec soin plusieurs docteurs en théologie; et, de l'avis de nos frères les cardinaux de la sainte église romaine, nous avons redigé les *capitules* suivans avec le plus grand soin et maturité.

Premièrement donc, nous ne cessons de prier le Dieu de notre seigneur J. C., le père de la gloire, de nous donner l'esprit de sagesse et de sa révélation pour le connoître, et les yeux éclairés du cœur, pour que vous sachiez quelle est la hauteur de sa puissance en nous, qui croyons en celle qu'il a exercé en J. C. en le résuscitant d'entre les morts.

I.

DIEU a créé l'homme droit, (1) à son image et à sa ressemblance (2), orné d'une sainteté et d'une grace qui l'éclairoit, pour lui donner la connoissance de ses devoirs, et qui l'enflammoit, pour les lui faire aimer (3). Il n'étoit nullement obscurci par les ténèbres de l'ignorance; nul attrait de la concupiscence ne le faisoit pencher vers le mal. Il n'étoit assujéti, ni à la nécessité de mourir, ni à aucune des misères de notre vie mortelle; il étoit destiné à la parfaite et éternelle jouissance de son créateur, qui seul est le souverain bien de la créature raisonnable; car, quoique Dieu ne dût rien à l'homme, il se devoit cependant à lui-même; il devoit aux loix de sa très-sage providence d'inspirer à son image un amour chaste, qui ne lui donnât de mouvement que vers lui.

---

(1) Eccl. VII, 30.

(2) Genes. 1, 26.

(3) Saint Augustin.

1.I.

L E péché de notre premier père n'a pas été préjudiciable à lui seul ; mais il a corrompu en lui toute la race du genre humain ; car (1) le péché est entré dans le monde par un seul homme, et la mort par le péché, et ainsi la mort est passée dans tous les hommes, tous ayant péché dans un seul. Il suit delà que tous, et un chacun des hommes, en naissant, contractent avec la nature, viciée dans sa racine, un péché proprement dit, qui est inhérent et propre à chacun (2) ; étant devenus impurs, et, comme dit l'apôtre ; enfans de colère par leur naissance (3), esclaves du péché, soumis à la puissance du diable et de la mort (4) ; delà cette ignorance pénale de leurs devoirs, ce penchant déplorable à toute sorte de péchés, l'inévitable necéssité de mourir, et les misères sans nombre dont il est accablé ; car le joug

------

(1) Rom. v, 12.
(2) Conc. de Trente, sess. v, can. iii.
(3) Conc. de Trente, sess. vi, chap. i.
(4) Eccles- xi, i.

pesant

pesant qui opprime les enfans d'Adam , depuis le jour qu'ils sortent du sein de leur mère , jusqu'au jour de leur sépulture , (1) n'appartient pas à la nature de l'homme créé ; mais il est la peine de l'homme condamné , puisque, sous un Dieu juste , personne ne peut être malheureux , à moins qu'il ne le mérite ; (2) ainsi, comme ce joug pésant est la solde et la suite du péché , il en démontre de même très-invinciblement la transmission à toute la postérité d'Adam.

I I I.

Toute la masse du genre humain mérite donc d'être punie ; et si on infligeoit à tous le supplice de la damnation qui leur est dû , il n'y auroit sans doute nulle injustice dans cette sentence (3) ; mais Dieu qui est riche en miséricorde , poussé par l'amour extrême , qu'il a eu pour nous (4) , aussitôt après la chûte de l'homme , a promis un rédemp-

---

(1) Eccles. XI , L.

(2) Saint Augustin.

(3) Aug. de la nature et de la grâce c. V , n°. 5.

(4) Eph. XI , 4.

teur, qui par sa puissance devoit briser la tête du
serpent; c'est-à-dire, la tyrannie du diable, et rétablir
les hommes dans la liberté des enfans de Dieu; savoir
son fils unique, qui devoit naître d'une vierge ; J. C.
notre seigneur, prédit par les oracles des prophètes,
représenté et figuré de diverses manières dès la naissance du monde, paroissant en personne dans la
plénitude des tems (1) , et conversant avec les
hommes (2). La foi chrétienne consiste donc proprement dans la cause *de deux hommes* , dont l'un
nous a précipités dans la mort, l'autre nous délivre
pour nous donner la vie (3).

I V.

Il faut donc que, jettant les yeux sur Jésus, l'auteur
et le consommateur de la foi (4) , nous croyons
en lui de cœur, pour être justifiés (5) , puisqu'il

---

(1) Galat. chap. IV , 4.
(2) Baruch. III , 38.
(3) Aug. L , du péché originel , chap. XXIV.
(4) Helb. XII , 2.
(5) Rom. X , 10.

n'y a de salut dans aucun autre ; car nul autre nom sous le ciel n'a été donné aux hommes, par lequel nous devions être sauvés (1). Tous les saints qui ont précédé notre sauveur, ont été justifiés en cette foi, et sont devenus par ce sacrement le corps de J.C., mais quoique selon la diversité des tems, ce qui étoit alors annoncé d'avance comme futur, tantôt plus obscurément, tantôt d'une manière plus manifeste, soit maintenant annoncé comme arrivé, il ne s'en suit pas cependant que la foi elle-même ait variée, que le salut soit différent (2); mais la corruption du cœur tire son origine au moins de quelque commencement de foi (3); car la foi en celui qui, comme dit l'apôtre, justifie l'impie, est le commencement du salut, le fondement et la racine de toute justification (4); c'est ce qui fait dire au même apôtre : nous avons entrée par la foi à cette grâce des enfans de Dieu,

---

(1) Act. IV, 12.

(2) S. Leon, sermon XXIV, chap. 7.

(3) S. Aug. de la perfect. de la justice, chap. 19, et liv. I, à simp. p. 2.

(4) Conc. de Trente, sess. VI, chap. 8.

(1) ; et encore, c'est par la grâce que vous êtes sauvés, par le moyen de la foi, et cela ne vient pas de vous ; c'est un don de Dieu (2).

V.

QUAND même la nature humaine se seroit maintenue dans cette intégrité dans laquelle elle a été créée, elle ne s'y seroit nullement conservée sans le secours de son créateur (3) ; mais, comme par la prévarication d'Adam, l'homme tout entier a été perverti, selon le corps et l'ame (4), et que tout le genre humain ést dévoué à la damnation, nous avons maintenant besoin d'une grâce, sinon plus étendue, du moins plus puissante (5).

V I.

ET d'abord l'église catholique confesse que, ni

----

(1) Rom. v , 2.

(2) Eph. II , 8.

(3) Aug. Eph. c. VI , anc. édit. 186 de la nouv. et Conc. d'Or. 2 , can. 19.

(4) Conc. de Trente , sess. V , can. I.

(5) Aug. liv. de la correct. et de la grâce , c. XI , n°. 30.

les Gentils, par les forces de la nature, ni même les Juifs, par la lettre de la loi, n'ont pu se délivrer, ni se relever de cet état (1). La loi à la vérité est sainte ; le commandement est juste et bon (2) ; mais la loi a été donnée par Moyse ; la grâce et la verité a été apportée par J. C. (3). Tous les justes donc qui ont existés dans le tems de l'ancien testament sont enfans de la femme libre, et appartiennent à la nouvelle alliance (4), ayant été guéris et justifiés par la grâce de J. C. ; car la loi commandoit, mais ne guérissoit pas ; elle montroit la maladie et n'y remédioit pas (5).

Aussi saint Augustin et saint Thomas enseignent (6) que c'est la crainte et l'amour qui établissent de la manière la plus abrégée et la plus manifeste, la différence des deux alliances, et que ce n'est pas

---

(1) Conc. de Trente, sess. VI, chap. 6.
(2) Rom. VII, 12.
(3) Jean I, 17.
(4) Aug. liv. III, à Bonif. c. IV.
(5) Aug. Tr. III, sur S. J. n°. 14.
(6) Aug. liv. contre Adim. chap. 17.

sans un grand mystère dans la conduite de Dieu qu'il a publié la loi, qui donnoit la connoissance du péché.... Sans donner le secours de la grâce pour l'éviter (1), afin que l'homme établi sous la loi, et abandonné à lui-même, éprouvât ainsi ses forces et reconnut sa foiblesse, en voyant que sans la grâce il ne peut se préserver du péché, et qu'il s'empressât davantage à rechercher la grâce de J.-C. (2), qui est la fin de la loi, pour justifier tous ceux qui croyent en lui (3).

V I I.

D'APRÈS l'autorité la plus évidente de l'écriture et de la tradition, il faut confesser qu'après le péché d'Adam, le libre arbitre de l'homme n'est ni perdu ni éteint (4), quoiqu'affoibli et incliné (5). C'est ce qui fait que les saints hommes de Dieu, instruits par le Saint-Esprit, lui demandent sans cesse que,

---

(1) S. Thomas, sur l'Ep. aux Gal. chap. 3 lec. VII.
(2) S. Th. 1ere. 2e. quest. 106 A 3.
(3) Rom. X, 4.
(4) Conc. de Tr. sess. VI, can. 5
(5) *Ib*. chap. I.

par la puissance de sa grâce efficace, il incline notre cœur vers ses commandemens (1), mais, pour que dans l'état de nature tombée, le libre arbitre de l'homme soit sensé mériter ou pécher, il n'et pas nécessaire qu'il ait une égale facilité pour le bien et pour le mal, ni un penchant égal pour l'un ou pour l'autre, ni que les forces de sa volonté soient en équilibre (*).

Mais c'est Dieu qui opère dans le cœur des hommes et dans leur libre arbitre même ; de manière que les saintes pensées, les pieux desseins, et tout bon mouvement de la bonne volonté viennent de lui, parceque, si nous pouvons quelque bien, c'est par

---

(1) Ps. CXVIII.

(*) *Nota*. Le concile de Trente a décidé comme de foi, que l'homme tombé n'a pas perdu la liberté naturelle du libre arbitre. *Si quelqu'un dit que, depuis le péché d'Adam, le libre arbitre est détruit. . . . qu'il soit anathême.* Or, la liberté eût été détruite par le péché, si, parce qu'elle est inclinée vers le mal, elle ne suffisoit pas pour démériter, sans cette prétendue grace d'*équilibre*, récemment imaginée.

O 4

celui sans lequel nous ne pouvons rien (1). D'où il suit que ceux mêmes qui sont justifiés, ne peuvent sans le secours spécial de Dieu persévérer dans la justice qu'ils ont reçue (2).

V I I I.

L A foi catholique enseigne comme certain, que le libre arbitre de l'homme mu, et excité de Dieu, en donnant son consentement à Dieu qui l'excite, et qui l'appelle, coopère à se préparer et à se mettre en état d'obtenir la grâce de la justification (3); qu'il peut refuser son consentement, s'il le veut, et qu'il n'est pas comme quelque chose d'inanimé, sans rien faire, et purement passif.

C'est pourquoi tous les catholiques doivent croire intérieurement , et tenir pour certain que , *pour mériter et démériter* dans l'état de nature corrompue , il est besoin que l'homme ait la *liberté,*

---

(1) Cap. ad calcem Ep. Sanct. Cœlestini Papæ.

(2) Conc. de Tr. sess. VI , can. 22.

(3) Conc. de Tr. sess. VI; can. 4.

qui *exclut toute contrainte :* que les semi-pélagiens n'étoient pas hérétiques, en ce qu'ils vouloient que la grâce, nécessaire pour chaque action, fût telle, que la volonté de l'homme pût lui résister ou lui obéir (1). Que l'homme cependant ne mette pas sa confiance en lui-même ; qu'il ne se glorifie pas en lui-même, à cause de sa libre coopération, car, qui est-ce qui vous discerne ? Qu'avez-vous que vous n'ayez reçu ? Que si vous l'avez reçu, pourquoi vous en glorifiez-vous, comme si vous ne l'aviez pas reçu (2) ?

I X.

COMME la doctrine de saint Augustin sur la grâce est le libre arbitre et l'héritage précieux de la sainte église romaine, il faut conserver dans toute son intégrité et toute sa pureté la doctrine de ce saint docteur , et de saint Thomas, sur la grâce efficace par elle-même, nécessaire pour chaque acte de piété, qui tire son efficacité de la toute-puissansse de Dieu,

---

(1) Constit. Innoc. X. Alex. VII , et Clement XI, *vineam.*

(2) Cor. IV , 7.

et du domaine que sa souveraine majesté exerce sur les volontés des hommes, comme sur toutes les autres choses qui sont sous le ciel (1).

X.

Il faut donc réprouver, comme présentant un sens impie, blasphématoire, et hérétique, cette proposition souvent condamnée : » quelques commandemens de » Dieu sont impossibles aux hommes justes, selon » les forces qu'ils ont en l'état où ils se trouvent, bien » qu'ils veuillent et qu'ils s'efforcent de les accom- » plir , et la grâce qui les rend possibles leur » manque ». Il faut de même rejetter comme héré- tique cette proposition : » dans l'état de la nature » tombée, on ne résiste jamais à la grâce intérieure».

Ce n'est pas être semi - pélagien de dire que » J.-C. a versé son sang pour tous les hommes »; mais quoique J.-C. soit mort pour tous, tous cepen- dant ne reçoivent pas le bienfait de sa mort; mais seulement ceux à qui le mérite de sa passion est

---

(1) Clem. VIII , et Bref de Benoît XIII , *demissas preces.*

communiqué (1). Mais comme, selon la foi catholique, le mérite de la passion de J. - C. n'est pas
communiqué aux seuls prédestinés, on ne pourroit
pas dire sans impiété que « J.-C. est mort seu-
» lement pour le salut des prédestinés ». Les papes
ont déclaré qu'il ne suffisoit pas de garder le silence
sur ces erreurs ; mais qu'il falloit les condamner
d'esprit et de cœur.

X I.

L E mérite de la passion de J.-C. est communiqué
d'après le bon plaisir de Dieu, le père des miséri-
cordes, qui fait toutes choses, selon le dessein et le
conseil de sa volonté (2), et non d'après un certain
pacte, de donner la grâce à celui qui fait ce qui est
en lui par les forces de la nature, ou d'après quelqu'autre condition que ce soit, ou comme par occasion.

Que personne n'ait la présomption d'expliquer
le mystère impénétrable de la prédestination divine ;
que personne, contre l'autorité expresse de l'écriture

---

(1) Conc. de Tr. sess. VI, chap. 3.
(2) Eph. 1, 2.

et de la tradition ne soutienne, qu'avant quelque prévision des œuvres, Dieu n'a fait aucune distinction entre les élus et les réprouvés, entre Pierre et Judas, et qu'ainsi Dieu a souhaité le salut également à tous.

Mais que l'on maintienne inébranlablement l'antique doctrine sur la *prédestination gratuite*, d'après laquelle Dieu, par un pur effet de sa bonne volonté, (1) a de toute éternité décrété d'accorder la gloire céleste au élus, et leur à préparé les bienfaits par lesquels sont très-certainement délivrés tous ceux qui sont délivrés (2), et sur-tout ce grand don de la persévérance (3), propre aux seuls élus, et qui doit être accordé gratuitement à celui qui tombe, afin qu'il continue d'être debout jusqu'à la fin (4).

X I I.

LA grâce de la justification, qui renouvelle et jus-

---

(1) Eph. I , 15.

(2) S. S. Aug.. du don de la persév. chap. 14.

(3) Aug.

[4] Conc. de Tr. sess. VI , chap. 10.

tifie l'homme intérieur (1) par la charité que le S.-
Esprit répand dans nos cœurs (2), et qui leur est
inhérente, n'est pas donnée aux seuls prédestinés ;
mais elle l'est encore à quelques réprouvés, qui ne
persévèrent dans la justice. A l'égard de ceux qui
opèrent le bien, et qui espèrent en Dieu jusqu'à la
fin (3), il faut leur proposer la vie éternelle (4),
et comme une grâce miséricordieusement promise
aux enfans de Dieu, à cause de J.-C., et comme une
récompense qui, en vertu de sa promesse, doit être
fidélement donnée à leurs bonnes-œuvres et à leurs
mérites ... A Dieu ne plaise cependant que l'homme
chrétien ou mette sa confiance ou se glorifie en lui-
même, et non dans le seigneur, dont la bonté envers
tous les hommes est si grande, qu'il veut bien que
ses propres dons deviennent leurs mérites.

En général, à l'égard des œuvres de ceux qui ne
sont pas justifiés, personne ne doit penser que toutes

---

[1] Conc. de Tr. sess. VI, chap. 10 et can. 11.

[2] Rom. v, 6.

[3] Conc. de Tr. sess. VI, can. 17.

[4] *Id. Ibid.* chap. 16.

les actions qui se font avant la justification, de quelque manière quelles soient faites, soient des péchés, et méritent la colère deDieu; *ou* que, plus on s'efforce de se disposer à la grâce, plus on pêche grièvement (1).

XIII.

LA grâce de la justification étant perdue par le péché, la véritable foi ne se perdant pas toujours en même tems (2), la foi, l'espérance et la charité, sont trois (vertus), qui ont leurs commencement, leur progrés, leurs actes ; mais la plus excellente des trois est *la charité* (4), qui est la fin du précepte (4) et l'accomplissement de la loi (5), sans la quelle rien n'est utile ; qui fait vivre dans l'ordre (6), qui enflamme les affections, redresse les actions, corrige les excès, règle les mœurs, est bonne à tout , est plus excellente que tous ; de sorte que l'on n'adore Dieu, comme il faut, qu'en l'aimant (7).

[1] Conc. de Tr. sess. VI , can. 7.
[2] *Id. Ibid.* can. 28.
[3] Corinth. XIIII , 13.
[4] *Ibid.*
[5] Rom. xv , 10.
[6] Hosius. confes. de foi, chap. 59.
[7] Aug. Ep. cXL , chap. 18.

Ainsi, quoique la foi et l'espérance précèdent la charité dans un sens strict et rigoureux, cependant, dans la vraie foi même, et dans la vraie espérance, sont toujours renfermés une affection amoureuse, qui fait croire (1) un mouvement amoureux de la volonté vers Dieu (2), une inclination d'amour pour Dieu, dont on veut jouir comme de sa fin dernière; et ce sont toutes ces dispositions que les SS. Pères ont souvent appellées du nom de *charité*, prise dans un sens plus étendu. C'est pourquoi la foi et l'espérance peuvent bien subsister sans la charité habituelle; mais elles ne le peuvent sans quelqu'amour de Dieu, au moins commencé.

X I V.

L'EGLISE catholique enseigne que la crainte de l'enfer est bonne, utile, et est un don de Dieu. C'est pourquoi saint Thomas observe qu'il faut distinguer la nature même de la crainte (3) servile de la servi-

---

[1] Deuxième conc. d'Orl. v.

[2] Conc. de Tr. sess. VI , chap. 6.

[3] S. S. Th. 2 , 2 , 9 , 19 , art.

lité, qui, quoique mauvaise, à raison du mauvais amour qui l'acompagne, ne vicie pas néanmoins la subsistance même de la crainte, qui est bonne en soi.

Mais c'est sans erreur, et avec toute sûreté qu'on enseigne, d'après les saints Pères, *que* cette crainte, quoique bonne, utile, et un don de Dieu, ne suffit pas, si elle est seule, pour exclure l'affection au péché, et *que* le desir de pécher ne s'éteint que par le desir contraire de faire le bien, lorsque la foi opère par la charité (1).

XV.

Il faut inculquer dans l'esprit des hommes que c'est Dieu qui a établi cette règle de la charité : « vous aimerez votre prochain comme vous-même ; » mais vous aimerez Dieu de tout votre cœur, de » toute votre ame » ; de manière que nous rapportions toutes nos pensées, toute notre vie , toute notre intelligence, à celui de qui nous tenons les choses mêmes que nous lui rapportons; or, quand il dit : de tout votre cœur, de toute votre ame, il

[1] *Id. Ibid.* art 9 et S. Aug. liv. 2. contre les adv. de la loi et des Proph. chap. 7.

n'excepte

n'excepte aucune partie de notre vie qui puisse se soustraire à ce devoir, et où nous ayons la liberté de vouloir jouir d'une autre chose ; mais il veut que tout autre bien qu'il nous viendroit dans la pensée d'aimer, soit comme entraîné vers cet objet, où doit nous emporter l'impétuosité de notre amour ; (1) d'où il suit que le rapport, ou actuel, ou virtuel, de toutes et de chacune de nos actions à Dieu, aimé pour lui-même, d'un amour au moins commencé, est une chose de *précepte*, et non pas seulement de *conseil*, et qu'il ne suffit pas de les lui rapporter interprétativement.

Quant à ce qu'enseignent les papes, qu'il y a deux amours, d'où procédent toutes nos volontés (2), il est manifeste que cela ne doit pas s'entendre de la charité ou de la cupidité habituelle ou dominante.

Mais, puisque l'apôtre dit : soit que vous mangiez, soit que vous buviez, ou quelqu'autre chose que vous

---

[1] S. Aug. liv. 1. de la doct. chrét. chap. 22.

[2] S. Leon, serm. LXXXVIII. sur le jeûne du septième mois.

fassiez, faites tout pour la gloire de Dieu (1); que personne ne soutienne qu'il est permis de manger, de boire (2), ou de faire quelqu'autre chose que ce soit pour le seul plaisir.

Que les catholiques ayent donc horreur de cette pernicieuse hérésie, que l'homme n'est obligé d'aimer Dieu, ni au commencement, ni dans le cours de sa vie morale (3).

X V I.

QUE l'on bannisse encore bien loin de l'enseignement de la saine morale, et que personne ne prêche ni directement ni indirectement la scandaleuse erreur, par laquelle on excuseroit entièrement un péché, quelque grand qu'il fut, dans celui qui ne connoît pas Dieu, ou qui ne pense pas actuellement à lui, ou qui ne fait pas attention à la malice du péché, ou bien par laquelle on diroit que ce n'est qu'un péché philosophique (4), qui

[1] 1. Cor. X , 31.
[2] Décret d'Innoc. XI.
[3] Décret d'Alex. VIII.
[4] Décret d'Alex. VIII.

n'offense pas Dieu , et ne mérite pas la peine éternelle.

Plusieurs célèbres théologiens soutiennent , sans aucun danger d'erreur , que la grâce intérieure est quelquefois soustraite aux pécheurs aveuglés et endurcis , en punition de péchés précédens ; mais que personne n'ose avancer que ceux qui , destitués de toute grâce , commettent des péchés graves , ne sont pas coupables devant Dieu.

Il y a certainement des péchés d'ignorance, d'inadvertance et d'erreur ; il y en a que l'on commet, parce que l'esprit ne forme pas de desirs contraires à ceux de la concupiscence, ou qu'il n'en forme pas de plus forts, et dont les fidèles demandent pardon. (1) Mais, comme on ne peut jamais dire que la concupiscence soit insurmontable, de même on ne peut pas admettre une ignorance invincible de la loi naturelle.

X V I I.

Q U E personne donc ne se prétende exempt de péché, s'il viole par ignorance les préceptes du dé-

[1] S. Aug. liv. v , de l'ouvrage imparfait , n°. 41.

calogue. Les règles des mœurs sont la *loi* et la *conscience*; de sorte que toutes les actions qui se font contre la loi et la conscience, sont des péchés (1).

Dans les choses qui regardent le salut, il n'est pas permis de préférer l'incertain au certain. C'est pourquoi, pour éviter tout danger de pécher, il faut se tenir fermement attaché aux règles suivantes, prescrites par la justice. Premièrement, dans les choses douteuses qui intéressent le salut, lorsque des raisons d'un poids égal s'offrent de deux côtés à l'esprit: suivons ce qui est le plus sûr, ou plutôt ce qui en pareil cas est uniquement sûr, et regardons cette règle comme étant de précepte, et non de simple conseil, puisque, selon l'écriture, *celui qui aime le péril, y périra.* Secondement, à l'égard des sentimens probables sur la doctrine chrétienne, suivons ce que le concile œcuménique de Vienne a décidé devoir être suivi par rapport aux vertus infuses par le baptême, tant dans les enfans, que dans les adultes: « nous croyons » dit-il, qu'il faut embrasser cette opinion comme » probable et plus conforme à ce qu'ont dit les

[1] Faculté de Paris, et S. Thomas. C'est la doctrine du clergé de France, dévelopée jusqu'à l'art. XVIII.

» saints et les docteurs modernes de théologie ».
Il est constant que ce jugement du concile a d'autant
plus de rapport au réglement des mœurs qu'en dépen-
dent d'avantage la sainteté et le salut des fidèles.

Troisièmement, ne puisons, comme nous en avons
déja averti (1), que dans les sources même de la
sagesse divine ; c'est-à-dire, dans l'écriture et dans
la tradition, toutes les décisions qui regardent la
foi et les mœurs. C'est dans ce double et riche trésor
de vérité et de vertu, qu'est renfermé tout ce qui
concerne le culte de la religion, la discipline des
mœurs et le réglement de la bonne vie. De ces règles
il suit: 1º. Que dans les matières de théologie, qui
ont rapport aux dogmes de la foi et de la morale,
nous devons écouter même les théologiens modernes,
pourvu que leur sentimens soient d'accord avec
l'écriture-sainte et les saints-pères: 2º. Que s'ils s'en
écartent, on doit arrêter le cours de ces opinions,
loin d'en tenir aucun compte, ou de leur attribuer
la moindre autorité. 3º. Enfin, qu'il n'est permis à

_____

[1] Epist. encycliq. de Clement XIV.

personne d'adopter un sentiment qu'il ne regarderoit pas comme plus conforme à la vérité.

Quant à ce qu'on dit que, dans la pratique, il nous est permis de suivre un sentiment, que nous jugeons nous-mêmes ne devoir pas être embrassé comme plus probable ; ce paradoxe nouveau , inouï , avancé dans ces derniers tems par certains auteurs connus , et proposé par eux pour règle des mœurs , est contraire à la maxime si souvent répétée par nos pères : « croyons ce qui a été enseigné » *dans tous les les lieux, dans tous les tems, et par-tout ;* » et il ne peut être adopté avec sûreté comme une régle chrétienne. Les conséquences de cette doctrine, et les faits mêmes démontrent *que* cette erreur est le commencement et l'origine de tous nos maux, le renversement de la loi divine , la malheureuse source de tous les relâchemens introduits dans la morale. Nous décidons que cette maxime déjà censurée , flétrie par les (papes, nos prédécesseurs), doit être bannie des écoles catholiques et des oreilles chrétiennes.

Loin donc des fidèles qui croyent en J. C. cette

prudence charnelle , qui est ennemie de Dieu (1);
qu'ils s'attachent à cette prudence spirituelle , qui
avant tout leur fasse conserver et mettre en sûreté
la seule chose qui est nécessaire (2) ; que jamais
dans l'affaire du salut ils ne hasardent une action ,
sans avoir résolu tous les doutes ; non d'après
l'inclination de la volonté, ou l'instinct de la cupidité , mais d'après une intention droite et de
la loi divine ; car l'écriture nous dit : « *Que
votre obéissance soit raisonnable* (3), et encore :
» *Le sage craint et se détourne du mal ;* l'insensé
» *passe outre, et se croît en sureté* (4). Et ail-
» leurs : *Eprouvez tout , et approuvés ce qui est
» bon. Abstenez-vous de tout ce qui a quelqu'ap-
» parence de mal* (5) ».

X V I I I.

J. C. , en établissant les sacremens de la loi

---

[1] Rom. VIII , 6.
[2] Luc. X , 42.
[3] Rom. XII , 1.
[4] Prov. XIV , 16.
[5] Thessal. V , 21, 22.

nouvelle, a préparé aux hommes les sources de la grâce et du salut, puisque c'est par eux que la vraie justice s'accroît, lorsqu'elle est commencée, ou se recouvre, lorsqu'on l'a perdue (1). C'est pourquoi on doit avoir grand soin d'avertir les fidèles de ne pas se priver par négligence, et au grand détriment de leurs ames, de ces remèdes salutaires, ou de ne pas ajouter de nouvelles blessures aux anciennes plaies de leurs transgression, en les recevant sans la préparation qu'ils exigent (2). Les adultes qui demandent à se laver dans le bain de la régénération, doivent auparavant être instruits des mystères de la foi, et préparés par de pieux exercices, jusqu'à ce qu'ils aient, (sauf néanmoins le cas de nécessité), suffisamment prouvé la sincérité de leur foi et la solidité de leur conduite.

X I X.

OR, les adultes se disposent à la justification (3),

---

[1] Conc. de Tr. sess. VII.

[2] Epître du clergé de Rome.

[3] Conc. de Trente, sess. VI, chap. 6.

lors qu'excités et aidés par la grâce de Dieu, concevant la foi par l'ouie, ils se tournent vers, Dieu par le libre mouvement de leur volonté, croyant et tenant pour véritables les choses que Dieu a révélés et promises, et ce point sur-tout, que c'est Dieu qui justifie le pécheur par sa grâce, en vertu de la rédemption acquise par J.-C. Ensuite, connoissant qu'ils sont pécheurs, et étant utilement ébranlés par la crainte de la justice divine, ils passent de cette crainte à la considération de la miséricorde de Dieu, et s'élèvent à l'espérance, se confiant que Dieu les traitera avec miséricorde pour l'amour de J.-C.; ils commencent alors à l'aimer comme source de toute justice, et par une suite de cet amour, ils haïssent et détestent leurs péchés; enfin, ils prennent la résolution de recevoir le baptême, de commencer une vie nouvelle, et d'observer les commandemens de Dieu.

X X.

C'E S T pourquoi que ceux qui, ayant perdu la grâce du baptême, ont recours au sacrement de pénitence, qui est une espèce de baptême laborieux

(1), ne se croyent pas en sûreté, s'ils ne tiennent aucun compte du premier et du plus grand commandement, qui ordonne d'aimer Dieu ; et si, outre la foi et l'espérance, ils ne sont touchés de quelque amour de Dieu, aumoins commencé, et ne détestent leurs péchés, comme cela est nécessaire pour reçevoir la grâce de la justification (2).

X X I.

QUE les prêtres du seigneur se souviennent qu'ils ont tellement reçu de lui le pouvoir judiciaire de lier et de délier, qu'ils doivent suivre le sentiment du juge éternel ; puisqu'ils doivent lui rendre compte de l'usage qu'ils auront fait de ce double pouvoir.

C'est pourquoi tous les ministres de la pénitence sont avertis que, selon les loix saintes et inébranlables qui nous ont été transmises par les pères, ils doivent reçevoir avec une charité paternelle les pécheurs qui approchent du tribunal sacré de la pénitence, pour

---

[1] Conc. de Tr. sess. XIV , Ech. II.
[2] Déclar. du clerg. de France , 1700.
Explic. de 1720 , Act. de la Faculté de Paris.

tâcher de les ramener à la voie de la justice par des exhortations et des avis salutaires, pour peser avec soin toutes les choses qui, comme il le faut, leur sont déclarées dans la confession, les causes du péché, les circonstances qui, ou changent sa nature, ou en augmentent la gravité; ainsi que l'habitude du péché, en prenant pour règle non certaines les opinions de morale nouvelles (1); mais plutôt la loi, et le témoignage (de la tradition) (2).

Mais, comme la justification de l'homme intérieur a ordinairement ses commencemens, ses progrès (3), la tradition universelle des pères nous a appris qu'il est plusieurs cas et plusieurs circonstances où il faut différer l'absolution (4), afin que pendant ce délai, par les prières, et les pieux exercices de la pénitence, la volonté se détachant de l'amour des créatures, se tourne vers Dieu, et qu'elle acquière les dispositions

---

[1] Déclarat. d'Innoc. XI.

[2] Is. chap. 8.

[3] Epître du clergé de Rome.

[4] Card. d'Aguirre, dist. XIII, sur les can. XI et XIII du conc. de Tolède.

suffisantes et nécessaires. Néanmoins la loi de J.-C. n'exige pas qu'avant l'absolution la satisfaction soit accomplie , pourvu que le pécheur fasse voir des preuves moralement certaines d'une sincère conversion.

Or, les cas où il faut différer l'absolution, sont l'occasion prochaine du péché, l'habitude vicieuse, l'ignorance des points capitaux de la foi chrétienne, dont la connoissance est nécessaire à chaque fidèle, le délai non forcé de la restitution, et autres cas semblables; enfin, toutes les fois qu'après un examen exact de la conduite du pénitent , un confesseur prudent ne le juge pas vraiment converti, ni suffisamment disposé (1).

X X I I.

QUOIQUE le glaive de l'excommunication soit le nerf de la discipline, et qu'il soit très-salutaire pour contenir les peuples dans le devoir, on doit cependant n'en faire usage que sobrement , avec une grande circonspection, et suivant les canons

---

[1] Décret d'Innocent IV.

faits par l'esprit de Dieu , et consacrés par la véné-
ration de tout l'univers. Mais si , d'après une fausse
information , ou d'après quelqu'autre cause que ce
soit , il arrive qu'on induise un fidèle à pécher par
la crainte de l'excomunication , doit , selon les décisions des saints pontifes , souffrir humblement la
sentence de l'excommunication (1) , plutôt que
de commettre le péché.

X X I I I

QUOIQUE plusieurs nations barbares , ayant sans
le secours des saintes-écritures le salut écrit dans
leurs cœurs par le Saint - Esprit , et gardant avec
soin l'antique tradition , ayent cru en J.-C. (2) ,
il faut néanmoins bien prendre garde que le trésor
céleste des livres sacrés , dont l'Esprit-Saint a enrichi
les hommes avec une extrême libéralité , ne soit
négligé et abandonné (3).

---

[1] Innoc. III , cap. *Inquisitioni extrà de sentent.*
excommun.

[2] S. Irénée, l. III , chap. 4.

[3] Conc. de Tr. sess. V , de la réform. chap. 1.

Et d'abord, comme par la miséricorde de Dieu, le poison des versions faites par les hérétiques, ou d'ailleurs justement suspectes, a été banni du territoire catholique. C'est avec beaucoup de sagesse que Benoît XIV, (notre prédécesseur), a recommandé la lecture des traductions de la bible en langue vulgaire, approuvées dans l'église, et sur-tout celles qui ont été publiées avec des notes tirées des saints-pères, ou des catholiques instruits. Les ordinaires des lieux doivent donc veiller avec grand soin, pour qu'on ne répande dans le public que celles qui auront subi le plus sévère examen, et qui auront été approuvées par un mûr jugement. Mais, après avoir pris ces précautions, il est de la sollicitude et de la charité des supérieurs, d'inviter de plus en plus à cette lecture les peuples qui leurs sont confiés, afin que les ténèbres de l'ignorance disparoissant, les fidèles en reçoivent une lumière plus abondante, et qu'en se remplissant du lait très-salutaire et très-agréable des écritures, ils soient détournés des attraits mortels des livres infectés du venin du monde séducteur. Que l'on emploie néanmoins des précautions prudentes et des exceptions à l'égard de ceux qui abuscroient pour leur perte de cette sainte lecture.

Mais que personne , se confiant à son propre jugement (1) , n'ait l'audace , dans les points qui regardent la foi et les mœurs, et l'édification de la doctrine chrétienne , de détourner l'écriture-sainte à son sens particulier, ni de lui donner des interprétations contraires à celles que lui donne , et lui a données la sainte église, à qui il appartient de juger du véritable sens et de la véritable interprétation des saintes-écritures.

X X I V.

ENFIN, la foi catholique tient pour certain que les méchans, en tant que méchans , ne sont pas hors de l'église militante , mais qu'ils sont comme des pailles mêlées avec le froment dans l'aire du seigneur. Elle peut aussi regarder comme étant dans le sein de l'église (2) , ceux qui vivant, croyant, espérant, et aimant d'une manière charnelle, appar-

---

[1] Conc. de Tr. sess. IV.
[2] V. 3.

tiennent encore à l'ancienne alliance, et-non à la nouvelle.

Enfin, tous les catholiques confessent que hors de l'église il n'y a point de salut; parce qu'elle est l'arche salutaire, hors de laquelle on est submergé par le déluge des crimes, et qu'elle est l'unique épouse de J. C., par le ministère de laquelle les enfans de Dieu sont par l'évangile engendrés en J.-C., pour être gratifié, s'ils persévèrent, de l'héritage éternel.

Nota. Dans le cours de l'importante discussion de ce *projet* d'une exposition de doctrine, il a été proposé de déclarer dans cet article : « qu'il est besoin » que l'homme ait la liberté qui exclut la nécessité, » et qu'il ne suffit pas d'avoir la liberté qui exclue la » contrainte ». Ce changement n'a pas paru devoir être admis et ajouté dans le nouvel acte, à un texte, qui avoit été présenté en 1725 au saint-siége, sous Benoît XIII, au nom du cardinal de Noailles, et dressé alors par les docteurs, que la Sorbonne possédoit les plus éclairés et les plus instruits de la doctrine de l'église.

Pour

Pour discuter ce point sommairement, il faut le réduire à ces *trois questions.* « 1º. Pour qu'il y ait » liberté d'arbitre dans la volonté , faut-il qu'il y ait » exemption de *coaction* ? 2º. Doit-elle être aussi » exempte de *nécessité*, et dans quel sens? 3º. Enfin, » convient-il d'employer en une profession de foi » un pareil terme , qui ait besoin d'explication » ?

1º. Il faut d'abord remonter à l'essence de la liberté. Les théologiens la placent ordinairement dans *le volontaire* et *le pouvoir de l'acte opposé.* Mais, servons-nous ici des propres termes de saint Augustin : *Libertas est quod habet actum in suâ potestate.* Le saint docteur dit en même tems, *que* l'homme, qui se livre à sa mauvaise volonté, *amittit potestatem abstinendi à peccato*, conservant cependant une liberté qui le rend coupable. La volonté peut-elle en même tems , *habere actum in suâ potestate ; et* cependant, *amittere potestatem abstinendi à peccato* ? Comment se concilient ces deux principes ? C'est que l'acte premier de volonté étant un placement libre , et de choix dans son principe, est par sa nature pour demeurer fixé dans son vouloir, quelque faculté

Tome III.   Q

qu'elle conserve de le changer. Fixée dans le péché par ce premier acte , la volonté ne change point effectivement son choix arbitrairement et sans causes. Ces actes suivans demeurent donc nécessairement des actes de choix, comme le premier. Il reste ainsi libre , puisque l'agent continue d'avoir *actum in suâ potestate :* et cela s'observe , *soit* qu'on considère l'homme sous l'efficace de la grâce , *soit* qu'on le considère comme décidé au mal , malgré le pouvoir réel de l'acte opposé.

2°. Cette liberté doit être exempte de *nécessité ,* si on entend par nécessité cette *violence ,* dont nous venons de parler , qui ne laisse point l'acte en son pouvoir ; mais il y a d'autres sens dans le terme de *nécessité* à considérer.

D'abord , il y a *nécessité* qui exclut la *simultanéité* de l'acte opposé ; c'est une nécessité *de raison.* Mais il y a aussi *nécessité de conséquence ;* car , si le vouloir existe après le premier acte , par ses effets et par la continuité de ses actes suivans , il y a *nécessité* de faire le même choix que le premier. Cette nécessité se concilie parfaitement avec la liberté ; car elle con-

serve , *actum in suâ potestate*. Plus ces actes subsé-
quens sont même dictés , (comme le premier) , par
le choix de la volonté , ou même par la délectation de
son objet , plus cette *nécessité* est réelle et constante ,
. et cependant libre.

C'est ce qu'exprime cet adage du saint docteur : *se-
cundum quo d magis delectat operemur* NECESSE EST

C'est ce qui a fait dire à M. *Dueuet* ; (lettre 76 ,
T. v , p. 476) : dès que l'on a exclu « de la liberté
» la nécessité de coaction , qui implique avec liberté,
» il n'y a point à exclure d'autre nécessité ». Depuis
que cette liberté d'arbitre a été *inclinée* et *affoiblie*
pour le mal , l'église demande énergiquement à
Dieu de changer nos inclinations formées , de créer
en nous une volonté nouvelle , de réduire et soumettre même nos volontés les plus rébelles :
cette efficace qu'opère la grâce , est une *nécessité* ,
qui se concilie avec la liberté , sans la détruire.

3°. Fondé sur ces explications , convient-il
d'employer dans une *exposition de foi* ce terme de
nécessité ? Non ; car , dès qu'il a besoin d'explication , ce terme est étranger à un pareil acte , et contre

Q 2

la nature d'une exposition de foi. Aussi ce terme est inconnu dans la tradition des actes de cette importance; il est étranger à son langage, qui est toujours clair, et jamais équivoque.

ANALYSE

A N A L Y S E

DE CE JOURNAL,

Et de toute la conduite de cette négociation ; depuis sa naissance , jusqu'à sa conclusion.

LA FRANCE , en 1740 , se trouvoit incendiée ; et le gouvernement compromis par l'état où l'avoient plongé les excés employés, pour forcer l'acceptation du décret de Clement XI, du 8 septembre 1713; lorsque Benoît XIV, élevé sur le saint-siége, conçut le dessein de terminer ces troubles. Dix ans d'expérience le confirmèrent dans ce dessein ; il persuada enfin au roi d'imposer silence sur des *matières, qui ne pou-*

Q 3

voient être agitées sans troubler également et l'église et l'état, et sur des décrets *qui par leur nature ne pouvoient avoir le caractère ni les effets de règle de foi* (1) ; mais les fauteurs de ces troubles prétendirent *que* le roi ne pouvoit employer son autorité jusqu'à ce point, *que* c'étoit enlever aux évêques le droit de leur enseignement, et *que* le pape n'en avoit pas même l'autorité.

Une intrigue violente, que l'opinion publique attribua aux jésuites, porta son attentat contre le roi, jusqu'au parricide trop célèbre du cinq janvier 1757. Ce fut le premier trait des crimes continuels, qui enfin procurèrent l'extinction de cette société, par la réclamation de tout l'univers.

Des conseils sages firent observer au roi, qu'il avoit un moyen unique et certain de réunir les esprits ; parce que tous les partis se prétendoient soumis à la doctrine du saint-siége ; qu'ainsi il ne s'agissoit que d'obtenir du pape une déclaration nette et précise qui expose la doctrine de la foi, pour réunir tous les esprits.

'Le roi déclara sa résolution de procurer un moyen

(1) *Expression des* DÉCLARATIONS DU ROI *de* 1754 *et* 1756.

si sûr du succès. Benoît XIV y applaudit, et le roi témoigna y mettre la plus grande importance. On recueillit les matériaux d'un pareil projet, qui avoit été proposé en 1725 à Benoît XIII, Ce qu'il y avoit de plus éclairé dans l'épiscopat de France s'unit pour cette demande au saint-siége. L'auteur de ce journal fut chargé, en 1758, de porter cette sollicitation à Rome, et de la suivre jusqu'à son succès. Le roi en donna sa confiance à M. de l'Averdi, ministre d'état. Un premier voyage à Rome fut fait en 1758, et Clement XIII, parvenu sur le saint - siége, promit *l'exposition* sur la demande du cardinal Archinto, au point que l'avis en fut donné par un exprès au gouvernement de France; mais le secrétaire d'état fut enlevé par le poison au premier jour d'octobre suivant; et le gouvernement étant entièrement changé, l'exécution du plan promis ne put être reprise qu'à la mort de ce pape. Un second voyage de l'auteur en Italie, en 1770, reprit la suite de cette affaire; il engagea les théologiens, les plus distingués, à mettre dans le dernier état de maturité *le projet* d'une exposition de doctrine à présenter à Clement XIV Ce pape en y applaudissant crut ne pouvoir exécuter la publication d'un tel projet qu'après l'extinction de la société qui y formoit un obstacle invincible ; mais personne n'ignore que Ganganelli mourut lui-même d'un poison violent et multiplié.

Pie VI , élève , *et amanuense*, de Benoît XIV, informé par lui - même des suites de cette grande affaire , et des difficultés que pouvoit éprouver encore une exposition de doctrine autre , conçut un plan. Pie VI préféra de déclarer *QUE* « de tels décrets qui avoient tant agité l'église, ne concernoient point les fidèles, mais les études seules des théologiens scolastiques». Une telle déclaration lui parut même ne pouvoir être sagement rendue au milieu d'une cour ultramontaine, qui ne connoît que la résistance invincible de son infaillibilité prétendue. Braschi résolut donc de ne s'en expliquer que loin des yeux de cette cour, en allant jusqu'à Vienne rendre , sous l'appui de l'empereur, cette importante *réponse au clergé de Hongrie*, assemblé sous ses yeux, pour lui rendre ses hommages au moment de son départ (1).

_____

(1) *Cet acte se trouvera dans les pièces d'APPENDICE qui suivront ce Journal, s'il paroît qu'on LES DESIRE.*

CONCLUSION.

On ne peut, en terminant ce Mémoire, que bénir Dieu d'avoir conduit lui même sensiblement, jusqu'à un commun accord la préparation d'une déclaration de doctrine qu'il faisoit desirer par - tout dans son église, depuis le concile de Trente. Non-seulement les souverains en ont eux-mêmes éprouvé et reconnu toute l'importance, pour l'ordre moral et le bonheur de la société ; mais ils l'ont constamment appuyée par leurs ministres les plus éclairés, avec l'applaudissement des magistrats et des hommes d'état de toute l'Europe, de concert avec le saint-siège et tous les évêques les plus éclairés et considérés ; tandis que l'auteur de ces *mémoires* n'y influoit que par une fidèle et assidue communication de rapports mutuels. On a eu la consolation d'y voir les premières vérités du dogme et de la morale invoquées, et par-tout réclamées. Quel ensemble intéressant présentent en ces momens aux réflexions des hommes sages, en réunion à un même but, les noms des ministres, etc.; tels que ceux des Bernis, Choiseul, l'Averdi, Molé, en France : en Espagne et Italie les noms des Campomanès et Mónino, Aranda, Roda et de Marco, ce vertueux ministre de Naples !

Quel heureux présage pour le *choix*, du *moyen* qu'on s'est proposé, que celui de tant d'union pour procurer un exposé certain de la perpétuelle doctrine de l'église enseignée par le saint - siége ! Cet exposé est demeuré en dépôt dans les mains du ministre de confiance de Clement XIV (1). *Ce succès* ne laissoit à en attendre, il y a trente ans, que *la promulgation d'un bien si desiré*. Seroit - il aujourd'hui dans *les profonds desseins de la justice de Dieu* de laisser encore un tel succès intercepté ? Seroit - il d'y laisser les Gentils abandonnés à

_____

(1) En la bibliothèque du cardinal Maréfoschi : ce dépôt a passé à sa mort, par la disposition de Pie VI, en celle du Vatican, et se trouve ainsi en la place qu'il doit provisoirement occuper.

leurs égaremens, et au desir de leur cœur ? C'est une funeste prédiction, annoncée depuis long-tems par saint Paul. On ne peut, pour fléchir sur ce point la colère de Dieu, que revenir au *vœu du cardinal Sersales*, *adressé à Clement XIII*, en son exaltation, QUE *le saint - siége*, *et toute l'église*, *se mettent en action*, pourobtenir la cessation d'un tel fléau.

TABLE ANALYTIQUE

TABLE

ANALYTIQUE

DES PERSONNAGES

ET DES FAITS

DE CE JOURNAL.

TOME PREMIER.

A.

ARCHINTO, (secrétaire d'état de Benoît XIV. et de Clement XIII). — Accorde la réforme des jésuites Portugais à la cour de Lisbonne, et à la France

la loi du silence sur la bulle *Unigénitus*, en 1754,
suivie en 1756 du bref, qui déclare *qu'elle* ne peut
avoir caractère de règle de foi. — Il est sur le point
d'être pape, en 1758.—Sa mort au mois d'octobre de
cette année. *T. I, pag.* 218.

B.

. BENOIST XIV, (pape), persuade le roi, en 1754,
de donner une déclaration, portant loi du silence sur
la bulle; ensuite, déclare que la bulle *Unigénitus*
n'a pas caractère de règle de foi; enfin, avant sa
mort, il promet comme nécessaire une *exposition
de la doctrine du saint - siège. Préface* 19, 20,
et suiv.

BOTTARI, (garde de la bibliothèque du Vatican),
—A été le premier rapport de France avec Rome.—
Fait instance pour un voyage. — Centre de confiance de Benoît XIV, *pag.* 15, sur les affaires
de l'église.*T. I, p.* 38, 41, *et* 279.

CAVALCHINI. — Est porté dans le conclave de
1758, jusqu'à son élection au souverain pontificat,
qui échoue par l'exclusion de France. — Il s'oppose

à la suppression de la bulle *in cœna Domini* le Jeudi-Saint, par Clement XIV, au nom du consistoire des cardinaux ; et enfin se rend à ses motifs. *T. I*, *page* 80.

C.

CONCLAVE. Ces mémoires rapportent des détails intéressans du conclave de 1758, où *Archinto* fut écarté par une intrigue. — *Cavalchini*, appellé à l'élection, est écarté par l'exclusion de France, et *Rezzonico* placé sur le saint-siége, sous le nom de Clement XIII.—Le bref de Clement XIV, sur la réforme des jésuites de Portugal est publié dans ce conclave. *T. I. pag.* 54. 59 *et* 60. Caractères des cardinaux. *p.* 69.

CONSISTOIRE. Assemblée du sacré collége, celui du 5 janvier 1757, conclut avec Clement XIII, le bref qui déclare que la constitution *unigénitus* n'est pas règle de foi, et approuve la déclaration de 1756. *T. I. pag,* 308.

Congrégation des cardinaux chefs d'ordre, contre les jésuites. *T. II, pag.* 297 *et* 301.

F.

Foggini, (prélat-coadjuteur de Bottari, garde de la bibliothéque vaticane, donne en 1768 son *avis* sur les troubles de France, et conclut à la néc ssité d'une exposition de doctrine. — Il en approuve le projet fait à Naples. — Il publie 2 volumes sur la doctrine de *l'église de Lyon*, en matière de la grâce, et les présente au pape Clement XIV. *T. III, p.* 101.

G.

Gross, (comte de) prêtre de Turin, établi à Rome, centre des hommes en places, et les plus éclairés et accrédités aux cours d'Espagne et de Portugal, rend les plus grands services à l'église. *T. I, pag.* 309.

J.

Jesuites, voyez l'article Ricci. 6e. I.

L.

Lanze, (delle) cardinal des Lances.—Son audience au conclave, et son sentiment dans une audience

suivante

suivante sur le pontificat de Clement XIII, et les besoins de l'église. *T. 1, pag. 196.*

LOUIS XV, (roi de France), engagé par sà déclaration de 1730 à donner la constitution *unigenitus pour loi de l'état*, et en éprouvant les troubles, ordonne en 1754 le silence sur ces matières, et en 1756 déclare, de concert avec le St.-siége, que cette bulle n'a pas le caractère *de régle de foi.*—Un parricide attente à ses jours le 5 février 1757.—Il ordonne enfin la sollicitation d'une exposition de foi du S.-siége, qui réunisse tous les esprits sur cette matière. *T. 1, pag. 257.*

P.

PASSIONEI , (le card.) bibliothécaire de la sainte église romaine, concerte avec Benoit XIV le secret du bref de réforme des jésuites de Portugal. Fortement engagé avec ce pape contre la société des jésuites en général, il en fait la critique pendant la tenue du conclave d'élection, par deux actes de *persifflage* contr'eux. *Pag. 312 et 315.*

P.

PAPES, qui depuis le concile de Trente se sont employé dans les affaires sur la grâce.

CLEMENT VIII.

PAUL V.

ALEXANDRE VII.

CLEMENT IX.

INNOCENT X.

CLEMENT XI.

BENOIT XIII.

CLEMENT XII.

BENOIT XIV.

CLEMENT XIII.

CLEMENT XIV.

PIE VI.

R.

REZZONICO, (le card.) élu au conclave de 1758.— Commence son pontificat dans les mêmes engagemens que Benoît XIV. — Il donne sa confiance au cardinal Archinto, qui périt du poison. Le pontificat prend une route opposée jusqu'au moment de sa mort, où il est victime lui - même de sa résolution de satisfaire les Cours sur l'extinction de la société. *T. I, pag.* 102. 129. 142. *et* 159.

RICCI, (le P.) élu général des jésuites, dans le chapitre de 1758. — Y concerte avec son corps les mesures à prendre pour sa société, contre le bref de sa réforme en Portugal.—Il ouvre à cet effet *l'intrigue* la plus étendue pour les défendre, par une *célèbre requête*, présentée à Clement XIII, le 31 Juillet, en demandant au pape la conservation des siens, et de savoir ce qu'il en peut attendre.—Il reçoit pour réponse qu'il n'y a de resource que *dans le tems et la prière.* — Ricci retient alors sa société assemblée en chapitre. — On y décide la résolution qu'il sera employé tous moyens possibles pour sauver ce puissant corps. — Le premier acte de cette scène tragique est la mort d'Archinto, secrétaire détat, par un poison si violent, le premier octobre, chez le cardinal Feroni; qu'il y périt en trois heures. *Ibid. pag.* 218.

La société employe alors la famille de Rezzonico pour s'emparer du gouvernement, en lui donnant pour secrétaire d'état Toréggiani, pénitent du général. — Il étoit du plan de cette révolution que le roi de Portugal fut assassiné le 19 septembre , et que la mort de la reine d'Espagne précédât la sienne. — Le cours de ces évènemens s'accomplit à l'instant de la mort d'Archinto , et lorsqu'il venoit de terminer les dépêches par lesquelles le pape notifioit à toutes les cours le développement et la plainte de tous ces crimes. *T. I, p.* 218. La société obtient pour dix ans , par ces forfaits , le fruit de leurs conspirations. — Cette redoutable société trouva enfin en 1768 le terme de ses crimes , par l'élévation au saint-siége du pontife, que la providence avoit destiné à anéantir enfin dans le monde ce terrible fléau ; mais en y périssant lui-même par un long et cruel martyr. — Ce courageux pontife conduisit son jugement sur cette grande entreprise dans toutes les formes de la justice. — Il créa une congrégation composée de trois des cardinaux chefs d'ordre, et y porta les *plaintes précises du roi de Portugal* sur chaque objet de la conduite de cette société dans ses terres de l'Amérique, où ils s'étoient emparé des richesses de ces peuples , de leur gouvernement souverain , et avoient engagé une guerre nécessaire entre l'Espagne et le Portugal. *T. I, p.* 301 *et suiv.* La congrégation en porta son jugement définitif, et il ne resta plus aux deux puissances que d'éxecuter l'anéantissement de ce corps, par la puissance de tous les souverains, et par le jugement solemnel du souverain pontife, au nom de toute l'église. *Ignatianorum votá Passionei. T. I, pag.* 312 *et* 315.

SERSALES. (le cardinal) — Sollicite de Clement XIII, au moment de son exaltation au saint-siége, d'emploier toute la sollicitude de son pontificat à arreter le dépérissement de la religion. *T. I, p.* 310.

TAMBURINI. (le cardinal) — Estimé le plus digne du pontificat, savant et vertueux, ancien abbé du Mont-Cassin — Recommande fortement l'auteur de ces mémoires en ce monastère — Les études de philosophie et de théologie s'y trouvent parfaitement conduites. *T. I, pag.* 225,

UNIGENITUS. (constitution) — Cette constitution a-t-elle été donnée pour exposition de doctrine? — Non. — C'est une simple censure de propositions qu'on a donné pour jugement de l'église universelle, par son acceptation ; jugement dont le sens est indéterminé. — 1°. Par le défaut d'application des qualifications aux propositions. 2°. Parceque ces anathématismes ne sont précédés d'aucun préalable d'enseignement.

Les lettres *pastoralis officii*, en prononçant la *séparation* des opposans à ce décret, l'ont supposé *règle de foi*. —Les évêques, en prétendant l'expliquer en 1714 et 1720, ont prouvé par-là même qu'ils ne le croyoient pas règle de foi.— Le concile romain, en 1725, sous Benoît XIII, porte un décret, qui déclare cette bulle règle de foi ; mais par une falsification de texte, attestée par Benoît XIV, et par le serment du prélat Bottari. — La déclaration du roi de 1730 a déclaré cette bulle *loi de l'état*, comme étant un jugement de l'église universelle. — La déclaration de 1754 a imposé *silence* sur ce décret.— La déclaration du roi de 1756 a décidé QU'IL n'a *pas le caractère et ne peut avoir les effets de règle de foi*. — Un bref de Bénoît XIV (1) a prononcé

_____

(1) Ce grand pape a déclaré d'ailleurs, par sa lettre aux évêques de France, interrogé par *l'assemblée au*

en *consistoire* le 3 janvier 1757 , la même chose. *T.*
I, p. 269. —Pie VI a décidé que ce décret ne concerne pas les fidèles, mais seulement les écoles théologiques pour la partie de l'histoire.

***

clergé sur le péché mortel ou véniel des opposans à-la
bulle, qu'elle s'est emparé d'une si grande autorité *sibi vin-*
dicavit, qu'il est à craindre que ceux qui y résistent puis-
sent être taxés de résistance à l'église ; mais qu'il faut
s'en assurer pour savoir quelle est l'intention de l'ac-
cusé , *quâ mente;* parce que le péché pourroit ne venir
que de-là, puisque ce n'est pas de la nature même du
décret ; comme est celui de l'*usurier,* qui résiste aux loix
de l'église en genre d'usure.

Fin du Tome second.

TOME SECOND.

A.

ARANDA, (comte d') ministre d'Espagne , gouverneur de Madrid , président du conseil de Castille. — Son audience favorable. — Il adopte les demandes de France , et invite à rester en Espagne. *T. II , p.* 119

AVERDY , (de l') conseiller au parlement, est fait ministre d'état. — Est chargé par le roi de solliciter de Benoît XIV une exposition de la doctrine du saint-siége sur les matières contestées en France.— Archinto , secrétaire d'état , l'obtient de Clement XIII, qui en donne l'engagement. — M. de l'Averdy porte l'auteur de ces mémoires au voyage d'Espagne , pour obtenir le même but, sur la demande de dom Carlos. — Les princes s'unissoient pour l'obtenir de Clement XIV, lorsqu'il mourut de poison. *T. II, p.* 304, 309.

B.

BAUTEVILLE, (évêque d'Alais) , applaudit au projet d'exposition de doctrine. *T. II, p.* 39.

BAYER, (l'abbé) archidiacre de Tolède, gouverneur des Infants, et bibliothécaire du roi. — Applaudit aux propositions de France, et demande un mémoire sur la prétendue découverte de la ville d'Elvire. *T. II, p.* 101.

BOUDET, (libraire), homme de lettres, arrivant d'Espagne. — Procure l'entrée des connoissances des personnes utiles avec l'épiscopat d'Espagne. *T. II, Préface, p. XVII.*

C.

CAMERA, (chambre de Castille). Conseil souverain d'Espagne, qui seul peut donner l'état l'égal aux actes du souverain, sur les conclusions des fiscaux civils et criminels. — Il n'est pas toujours invincible aux sollicitations ; mais il a le crédit d'entraîner le prince même. — Il le géneroit beaucoup, si le prince n'étoit en possession de convoquer le conseil extraordinaire. Quand il le tient, ce n'est qu'avec des membres qu'il choisit, et qui sont au fait de tous ses desirs. *T. II, p. 109 et T. III, p. 59.*

CAMPOMANÈS , fiscal-général-civil de la chambre de Castille, publie son ouvrage célèbre du *Juizio-imparcial* pour la défense des droits du prince de Parme , et les principes du droit public sur l'indépendance de l'autorité des souverains.—Son audience importante sur le renouvellement de la lumière en Espagne , lors de l'expulsion des jésuites. *T. II, pag. 65.*

CARLOS. (dom) — Héroïsme de ce prince dans la révolte du peuple de Madrid , soulevé par les jésuites. — Poursuivi jusques dans son palais par le peuple, qui lance des pierres sur sa garde Wallone. — Ce prince , touché de l'égarement de ses sujets, ne pense qu'à les épargner.—Il va même jusqu'à déroger à la majesté du trône , en épargnant par bonté une populace mutinée, lorsqu'il pouvoit, d'un mot de sa bouche , ou d'un signe , la foudroyer par sa garde Walone. *T. II, p.* 341.

CASTILLON , (avocat-général au parlement d'Aix, en 1758) , fournit un mémoire et des lettres sur le droit public des princes et sur les brefs de Clément XIII, en l'affaire de Parme, *T. II , p.* 361.

CLIMEMT , (évêque de Boulogne). —Fait pendant huit jours la réception la plus honorable. —Concerte la conduite à tenir envers la cour d'Espagne , et demeure en correspondance pour toujours. —Il demande un mémoire de M. *Tendau* , archidiacre de Paris , sur une rébaptisation. *T. II . p.* 45.

E.

ESCURIAL, (l') monastère de Géronimites. —*Siéio* de la cour. — Voyage fait de Madrid, pour présentation *T. II , p.* 96.

ÉVÊQUES (les cinq) d'Espagne. — Favorables aux propositions de France. —Demandent un mémoire qui les expose, le font traduire, et l'approuvent. —

Ils se prêtent à porter leurs plaintes au roi, contre l'ouvrage *Juizio* de Campomanès. *T. II, p. 75.*

G.

GALLARD. — (Parent de M. l'évêque de Taraçone), inspire la confiance à son parent sur les propositions de France — Il traduit les dix volumes de l'abrégé de l'ancien testament, par M. Mésengui, en langue espagnole. *Préf. pag. xlvij.*

I.

INQUISITION — Ce tribunal, si long-tems réputé redoutable, par ses rigueurs et l'opinion. — Devenu, par la politique d'Espagne et de Portugal, tribunal royal, avec le titre de *majesté*, et par la suite un simple conseil des évêques, depuis qu'en 1768 on l'a fait présider par les évêques diocésains. *T. II, p. 295.*

L.

LAMBERT, (conseiller d'état). — Recommande le voyage d'Espagne en 1758 à M. Monclart, ami de Campomanès. — Appuie tout ce voyage de ses lettres et de ses mémoires. *Tome II, p. 364.*

LOPEZ. (le père) — *Préfet* des études général-
ral-s de l'ordre de la Mercy. — Donne la première
ouverture d'entrer en Espagne. — Favorise tout ce
voyage. *T. II*, *p.* 47.

M.

MADRID. — Sédition qui soulève le peuple de
cette ville contre le roi. *T. II. P.* 339.

MONCLART, (procureur général du parlement
d'Aix). — Applaudit et accueille le projet du
voyage d'Espagne dans une parfaite conformité de
vues. *T. II*, *p.* 37, *préface*.

MONINOT. (Avocat — général — criminel
de la chambre de Castille). — Reçoit le mémoire
présenté sur l'amélioration de l'état général d'Espagne,
civil et ecclésiastique. *T. II*, *p.* 159.

S.

SACREMENS. — Cas de leur réitération. — Cas
de leur omission. — Age de la première communion. — Discernement. *T. II*, *p.* 102.

Fin du Tome II.

TOME TROISIEME.

B.

BERNIS. (le cardinal)—Est appellé par Louis XV ministre d'état en 1758, le premier jour de l'an, et disposé à suivre les plans du roi pour la paix de l'église.— Il est exilé au mois de septembre, et ensuite fait embassadeur à Rome. — Il accorde une audience favorable en 1768. — Il y protège le *séjour* à *Rome* pendant six mois, et celui de *Naples* pendant dix mois. *T. III, p. 33 et suiv.*

C.

CLEMENT XIV. — Élu pape en 1768. — S'engage avec les cours à prononcer, sur leurs demandes, l'extinction de la société des jésuites, et avec le roi de France, la publication d'une exposition de doctrine du saint-siége, dès qu'il aura vaincu l'obstacle de cette société. *Tome III, page 100 et 101.*—Il supprime au jeudi-saint la publication de la bulle *in cæna Domini. Tome III, page 42.* —Il se reconcilie

avec toutes les cours de la maison de Bourbon, obtient la reddition des villes d'Avignon et de Bénévent,
et la conciliation du prince de Parme. — Il se té-
moigne disposé à concilier le clergé de *Hollande.*—
T. III, p. 73. Il est empoisonné plusieurs fois avant
sa mort, et périt dans les plus grandes souffrances. —
Il voit auparavant terminer *le projet d'exposition de
doctrine*, et reçoit la dédicace des *ouvrages de
l'église de Lyon* sur les matières de la grâce. *T. III,
p. 101.*

G.

GEORGI (le père). — Procureur - général des
Augustins, consulteur du saint-office. — Demande
un mémoire pour le pape Clement XIII sur la
nécessité d'une exposition de doctrine, et approuve
l'exécution du projet. *T. III pag.* 95.

GOURLIN, (théologien de France). — Donne
un mémoire sur la théologie de Tournelli. — Son
avis sur l'insuffisance du *silence*. — La nécessité d'une
exposition de foi; en dresse le projet avec M. Simioli,
de France à Naples, et en termine la conclusion avec
lui. *T. I, pag 37. T. III, pag. 135.*

HOLLANDE.

H.

HOLLANDE. (clergé de) — Etabli canonique-
ment, lors de la formation de ses peuples, par sa
soustraction du gouvernement Espagnol. — Se rend
célèbre dans cet état par le gouvernement de son
archevêque, sous le titre de *Castorie in partibus* ;
et ensuite rendu vacant par l'injuste et perfide dépo-
sition de M. de *Sebaste*, son successeur; ne subsiste
plus qu'en cet état de *vacance*, sous le gouvernement
du chapitre d'Utreck. — Ce chapitre, porté enfin
par le vœu de tous les Ordres, et le recueil du témoignage de toutes les autorités les plus distinguées,
de cardinaux, d'évêques, d'universités, se résout à
rétablir la jouissance de toute sa hiérarchie, en se
procurant, par la consécration des mains de M.
l'*évêque de Babilone*, de remplir successivement
tous les siéges vacants. — Le clergé canonique de
Hollande, dans cet heureux état, convoque et tient
deux conciles nationaux avec succès en 1763 et 1766.—
Ces avantages lui procurent une considération
secrette, et un puissant appui, tant auprès de Benoît XIV et de Clement XIV, que des cours de

Tome III. S

Vienne, de France et d'Espagne — Ce journal en rapporte les preuves, par les recommandations de ces cours et de leurs ministres. *Tome I, pag. 292.*

M.

MARÉFOSCHI. (le cardinal) — Secrétaire d'état de Clement XIV. — Recoit la présentation du *projet d'exposition de foi*, présenté au pape dans son dernier état de rédaction, par les théologiens de son choix, et un *mémoire* sur la nécessité de cette exposition, qui en établit le besoin, par le détail des altérations de la doctrine dans l'église et dans les états mêmes.— Le cardinal donne dans cette audience l'engagement pour le saint - siège, de donner l'exposition de sa doctrine. *T. III, pag.*

MONTAZET, (archevêque de Lyon). — Favorise en toutes occasions la paix de l'église ; les sollicitations faites en ces deux voyages de Rome, et propose en dernier lieu un projet d'exposition de foi dans des termes foibles, par considération pour le clergé de France ; il reçoit l'édition des *écrits de l'église* de Lyon sur les matières de la grâce , imprimés à Rome , dédiés au pape. *T. III* , *pag. 202.*

S.

SIMIOLI, (chanoine de la métropole de Naples , théologien du cardinal Spinelli). — Distingué par ses talens et ses connoissances de la tradition sur les matières de la grâce. — Concerte pendant six mois la teneur la plus exacte d'une exposition de foi, par la correspondance approfondie de cet important travail, avec M. l'abbé Gourlin, théologien de France. *T. III, pag.*

T.

TOURNÉLI. — Sa théologie proposée aux études de la *propagande* , est refusée. — *Lettre d'un prélat* sur ce théologien , et sa doctrine. *T. III , pag.* 33,

V.

VÉSUVE. — Description de ce volcan. *T. I,* *pag.* 325.

ADDITION

L.

Mémoire de M. Lambert, sur les droits des souverains. *T. II*, *p. 364.*

M.

Mémoire de M. l'abbé Mey, sur les ordres monastiques. *T. II*, *pag. 389.*

P.

Mémoires de M. Le Paige, pour le roi. *T. I*, *pag. 172 et 223.*

Manifeste du Portugal. *T. I*, *pag. 194.*

T.

Lettre de M. l'abbé TANDAU, sur les doutes en matière d'administration de sacremens. *T. II, p. 316.*

Fin du troisième Volume, et de la Table Analytique.

TABLE

DES CHAPITRES

ET SOMMAIRES

CONTENUS DANS CE VOLUME,

Pour le Voyage de 1770 et 1771.

JOURNAL.

DE CORRESPONDANCES,

S 4

C H A P I T R E III.

C H A P I T R E IV.

M É M O I R E

CAUSE

DÉPÊCHE

I°.

EPISTOLA

CLEMENTIS PAPÆ XIV,

ERRATA

DU TROISIEME VOLUME

DU JOURNAL.

PAGES

30, ligne 23, Flumarens : *lisez* Flamarens.

34, lig. 10, m'écrivoient : *lisez* écrivoient.

60, lig. 19, *gani, lisez guai.*

80, lig. 23, et conférences : *lisez* en conférences.

82, lig. 16, sainte : *lisez* saine.

94, lig. 26, setoit : *lisez* seroit.

96, lig. 3, craignant : *lisez* craignent.

Ibid. lig. 20, dans l'appendice : *lisez* à la fin de ce volume.

139, lig. 12, attennation : *lisez* attenuation.

Ibid. Panoplée : lisez Panoplie.

146, lig. 14, inicuique : *lisez* unicuique.

154, lig. 16, paneorum : *lisez* pancorum.

159, lig. 31, erœ : *lisez* iræ.

211, lig. 11, corruption : *lisez* correction.

240, lig. 13, cet article : *lisez* l'article VIII,
pag. 217.

243, lig. 8, Ducuet : *lisez* Duguet.

248, lig. 9, autre : *effacez* autre.

Ibid. lig. 9, un plan : *lisez* un autre plan.

260, lig. 3, reine d'Espagne : *ajoutez* sa sœur.

Fin de l'Errata.